石田三成像（杉山丕氏蔵）

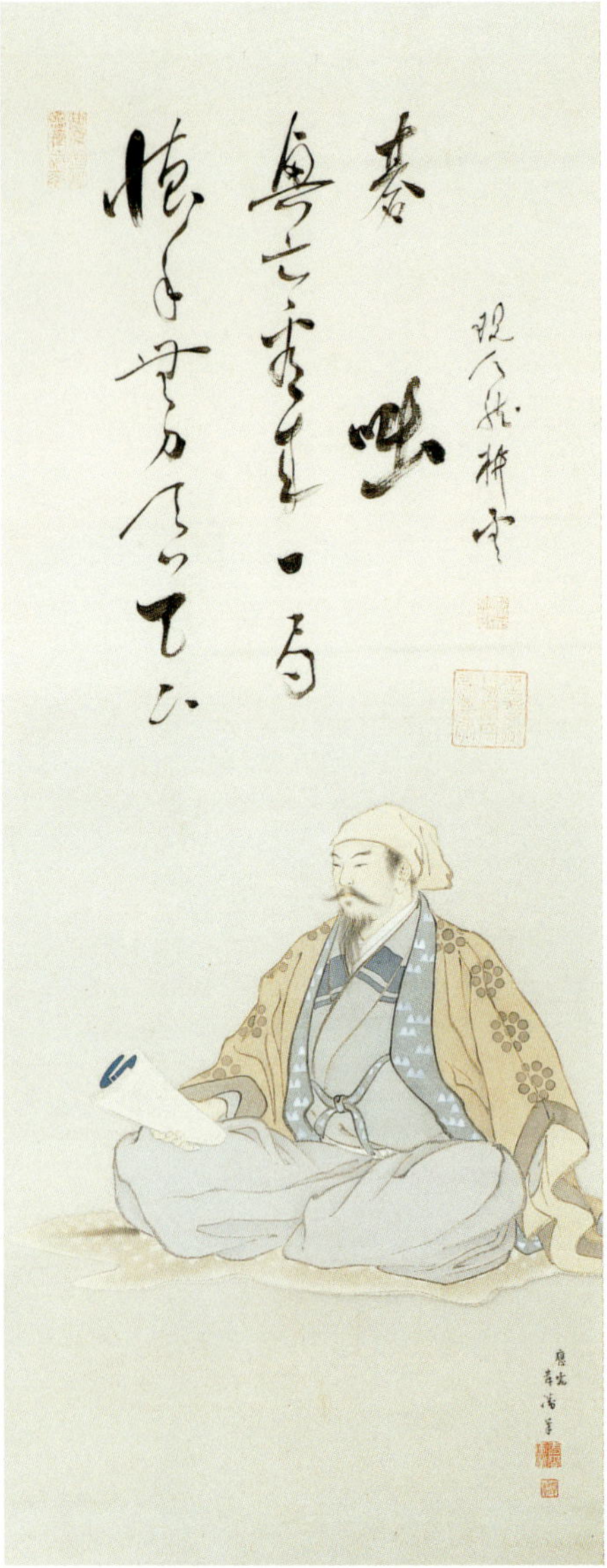

石田三成像（彦根市龍潭寺蔵）

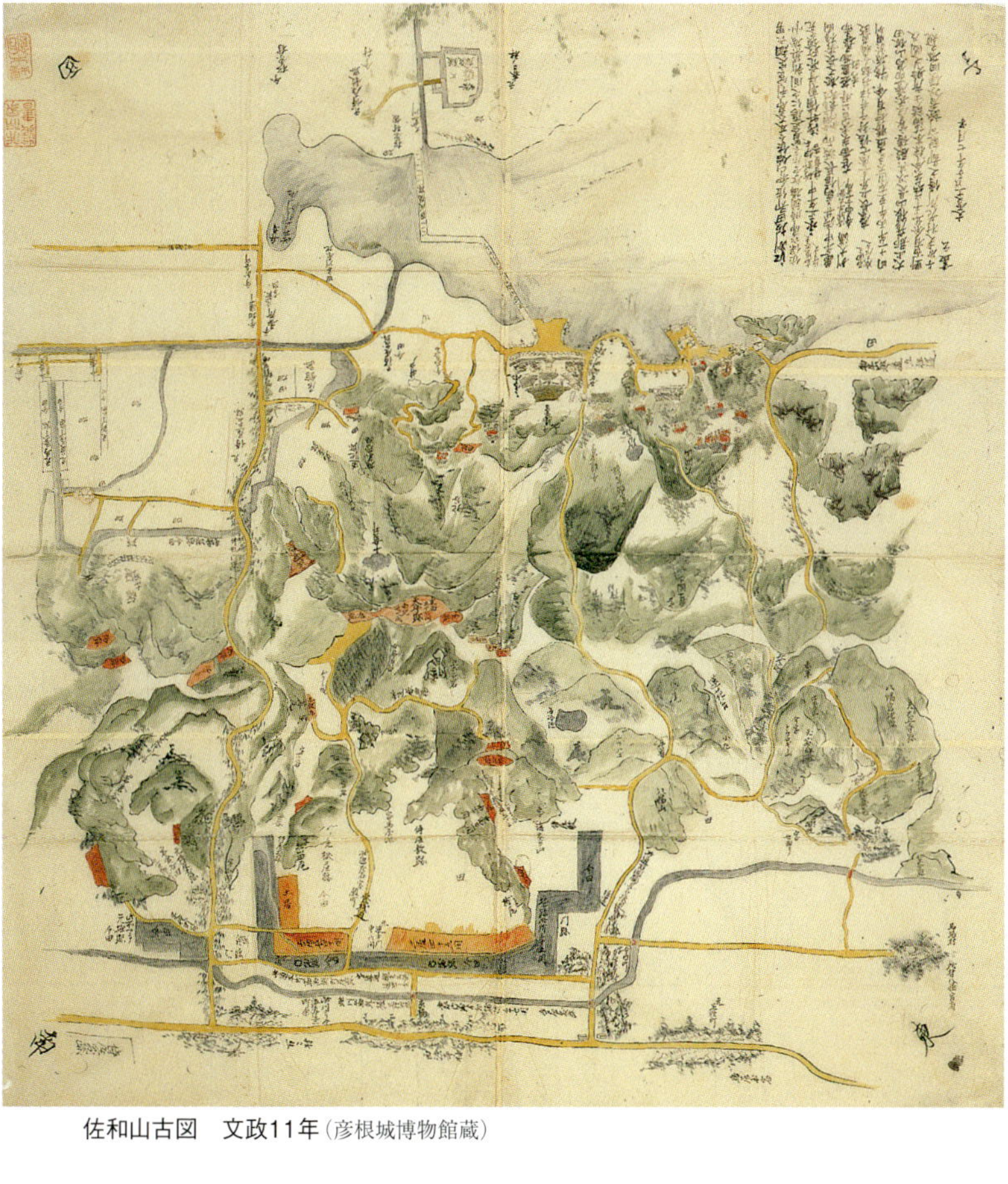

佐和山古図　文政11年（彦根城博物館蔵）

石田三成出生地（滋賀県長浜市石田町）

淡海文庫44

石田三成

近江が生んだ知将

太田浩司　著

SUNRISE

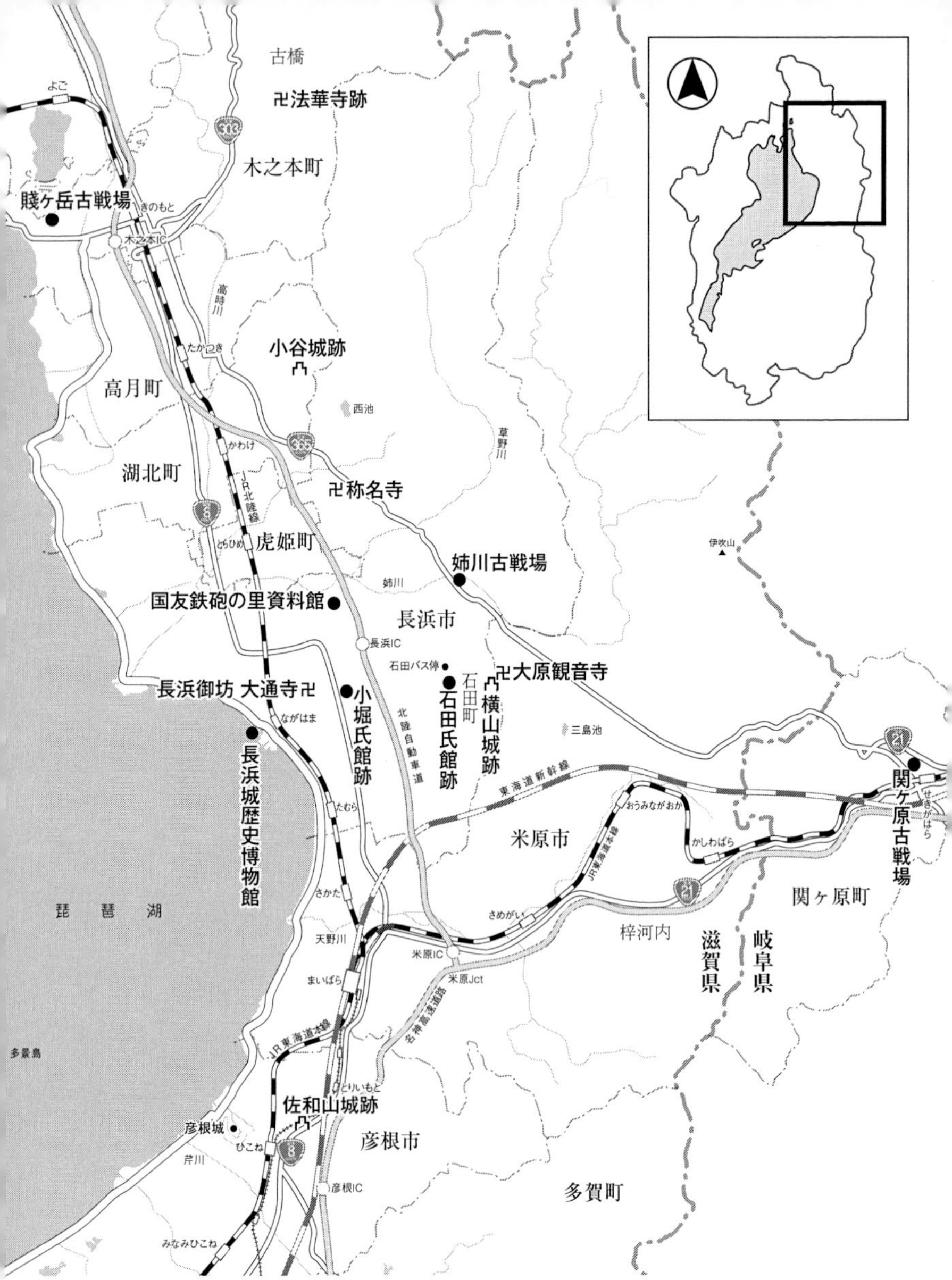
古橋
法華寺跡
303
木之本町
よご
賤ヶ岳古戦場
きのもと
木之本IC
高時川
たかつき
小谷城跡
高月町
西池
365
かわけ
湖北町
称名寺
JR北陸線
8
とらひめ
虎姫町
草野川
姉川古戦場
伊吹山
姉川
国友鉄砲の里資料館
長浜市
長浜IC
石田バス停
大原観音寺
長浜御坊 大通寺
小堀氏館跡
石田氏館跡
石田町
横山城跡
ながはま
三島池
北陸自動車道
長浜城歴史博物館
東海道新幹線
21
関ヶ原古戦場
せきがはら
おうみながおか
たむら
米原市
JR東海道本線
かしわばら
琵琶湖
さかた
さめがい
21
関ヶ原町
梓河内
天野川
米原IC
米原Jct
滋賀県
岐阜県
まいばら
名神高速道路
JR東海道本線
多景島
とりいもと
佐和山城跡
彦根城
ひこね
8
彦根市
芹川
彦根IC
多賀町
みなみひこね

本書の関連地図

目次

はじめに

歴史家の三成評

石田三成を論じた著作は実に多い。その中で彼の一生を、歴史家の立場で追ったものは、時代順に渡辺世祐《よすけ》、今井林太郎、桑田忠親《ただちか》、安藤英男、小和田哲男各氏の著述がある。そこで述べられた三成への思いは、江戸時代につくられた、家康崇拝者による三成悪者説を払拭《ふっしょく》するという使命感に燃えている。たとえば、最も早く明治四十年に刊行された、渡辺世祐氏による『稿本　石田三成』の「はしがき」には、次のようにある。

多年奸《かん》と罵《ののし》られ、邪《じゃ》と誹《そし》られたる石田三成の伝を草して、こゝに大方諸賢の劉覧《りゅうらん》（広く見る…引用者註）を辱《かたじけな》うとする

また、最も新しい三成伝である小和田哲男氏の『石田三成―「知の参謀」の実像』でも、三成のつくり上げられた姦臣《かんしん》像、その汚名を少しでもすすぐことが、著作の目的であることを明言する。

それならば、三成をどう積極的に評価するか。現在も多くの人が口にするのは、三成を秀吉の恩を忘れなかった「忠義の臣」と捕える姿である。例えば、桑田忠親氏は、その著『石田三成』の「むすび」で次のように述べる。

豊臣家を防衛するといった大義名分が三成にあったには相違ないが、単に、大義名分といった正義観念のために戦ったのでもない。やはり、おのれを知る人、つまり、太閤秀吉にたいして、その好意と恩恵にこたえるために、精根をつくして事にあたり、みえも外聞も、恥辱も眼中に入れず、徳川家康という大敵にむかって体あたりしていったのだ。

これが、今も生きている三成観を代表する言葉であろう。

「構造改革」を断行した男

三成をどう見るかは、もちろん個人の自由であるが、私は彼を「忠義の臣」として捕えるのは、正しくないと思っている。江戸時代の三成評を否定しようとしている我々が、江戸時代の儒教思想に基づいた「君に忠」の思想に呪縛《じゅばく》されてどうするのであろう。そもそも三成が有能な政治家であり、官僚であれば、新たな日本の国家像について、明確な方針を持っていたはずである。高い志を掲げる政治家や官僚が、「忠義」という二文字だけで果たして行動するであろうか。私は三成を、そんな姿に矮小化《わいしょう》したくない。

小和田哲男氏は三成を、豊臣政権の官房長官として、政策通の仕事ぶりを高く評価する。それはもっともだが、私はさらに進んで、三成は戦国という世が持っていた社会構造を打破し、その上に新たな政治・経済システムを構築した政治家として評価したい。もちろん、この仕事は彼のみで行ったわけではないが、彼が中心であったことは、これから述べるさまざまな状況証拠から明らかである。つまり、三成がいなければ、古い利権におかされた戦国時代とは決別できず、江戸時代という新しい社会は生まれなかったのである。

徳川家康と戦った関ヶ原合戦。一般には、三成の豊臣家を守るための戦いと描かれる。また、それぞれの武将は三成が好きか嫌いか、あるは恩があるかないかで、西軍についたり東軍についたりした者もあっただろう。しかし、この天下分け目の大合戦は、そんな「忠義」とも「友情」とも無縁な戦いであった。本質は、三成と家康の国家構想をめぐる戦いだったと結論できる。この戦いの後、三成が目指した豊臣家による先鋭な中央集権国家は生まれず、地方分権にも重きをおく温厚な中央集権国家が出来上がった。政治的にはそうであったが、経済的・社会的なシステムは、三成らの秀吉政権が造り上げてきたものを踏襲する。江戸時代は、三成ら豊臣政権の「構造改革」の上に花開いたのである。
　歴史上一つの社会体制は、数百年の単位は持続しない。日本史をみても、そこには必ず「構造改革」の波が起きたが、近代に至るまで不幸にも戦乱という形をとった。大化の改新、源平の合戦、南北朝の動乱、戦国から江戸初期に至る内乱、そして明治維新と第二次世界大戦である。今、戦後歩み続けた社会体制は、根本的な「構造改革」を望んでいる。日本は戦乱を起こさずに「構造改革」を行うという、史上初めての挑戦を行おうとしているのである。人の歴史が進歩である限り、それは必ず行わなければならないし、行えるはずである。しかし、そのためには過去の「構造改革」をよく学び、そこから教訓を得るべきであろう。今の日本は、この戦国の「構造改革」に「勇気」と「決断」を見出す必要がある。三成を学ぶ意味は、正にこの点にあると言ってよい。

平成二十一年一月

著者

一　三成の誕生と出仕

石田三成の人物像

豊臣政権を支えた三成

上野館林《こうずけたてばやし》藩士出身の歴史家・岡谷繁実《おかやしげざね》の著作『名将言行録《めいしょうげんこうろく》』（明治四年刊、明治二十九年増訂版刊）には、三成の業績について、次のような記述がある。

小田原平《たいらぎ》て後、秀吉、三成等をして、諸国を検地せしめらる、之《これ》に依《よっ》て国の風俗、地の肥瘠《ひせき》、人口の多少に至るまで、悉《ことごと》く之を知れり。凡《およ》そ武士の外《ほか》刀を帯《たい》するを禁じ、農商の兵器を収め、之を以て、大坂、伏見両城の忍返《しのびがえし》を鋳造《ちゅうぞう》せり。秀吉其《そ》の才畧《さいりゃく》を称せり。

「太閤検地」を行い日本全国の正確な生産高を把握し、「人掃令《ひとばらい》」によって、全国の戸数・人数を調べあげ、「刀狩令《かたながり》」によって農村の武装解除を成し遂げた。これら、豊臣秀吉の名で語られる様々な政策を実際に行ったのは、秀吉の奉行・三成であったと、この著作は述べているのである。これは、江戸時代の三成観を反映したものだが、その人物評は歴史学的に見ても正鵠《せいこく》を射たものである。

天正《てんしょう》十三年（一五八五）、三成は関白となった秀吉の奉行となり、二十六歳にして豊臣政権の中枢に参画することになる。その後、天正十五年（一五八七）の九州侵攻、さらには天正十八年（一五九〇）の関東侵攻に至るまで、服従した島津氏・佐竹氏らの大名の「取次《とりつぎ》」となり、豊臣大名化する為の「指南《しなん》」を行っていく。島津氏・佐竹氏の領国では、三成の手で太閤検地が行われ、奥州地方には三成の指導で刀狩《かたながり》が実施されていった。

秀吉による朝鮮半島への出兵―文禄《ぶんろく》・慶長《けいちょう》の役《えき》では、朝鮮奉行として全軍の指揮を行うと共に、その兵站《へいたん》の確保に奔走し、明・朝鮮との和議締結に尽力した。同時に、国外出兵の兵站基地としての博多復興に力を尽くし、文禄三年（一五九四）には博多周辺の豊臣直轄《ちょっかつ》領代官も務めた。一方、都市政策にも明るく堺奉行や京都所司代《しょしだい》も歴任している。

三成の目指した国家

先の『名将言行録』の記述は、主に三成の内政面での評価を行ったものだが、このように豊臣政権に服属した大名折衝を含めた外交面でも、三成の活躍は目覚ましい。三成は豊臣政権の内外交における責任者として、秀吉の代わりに全国を疾走した人物なのである。

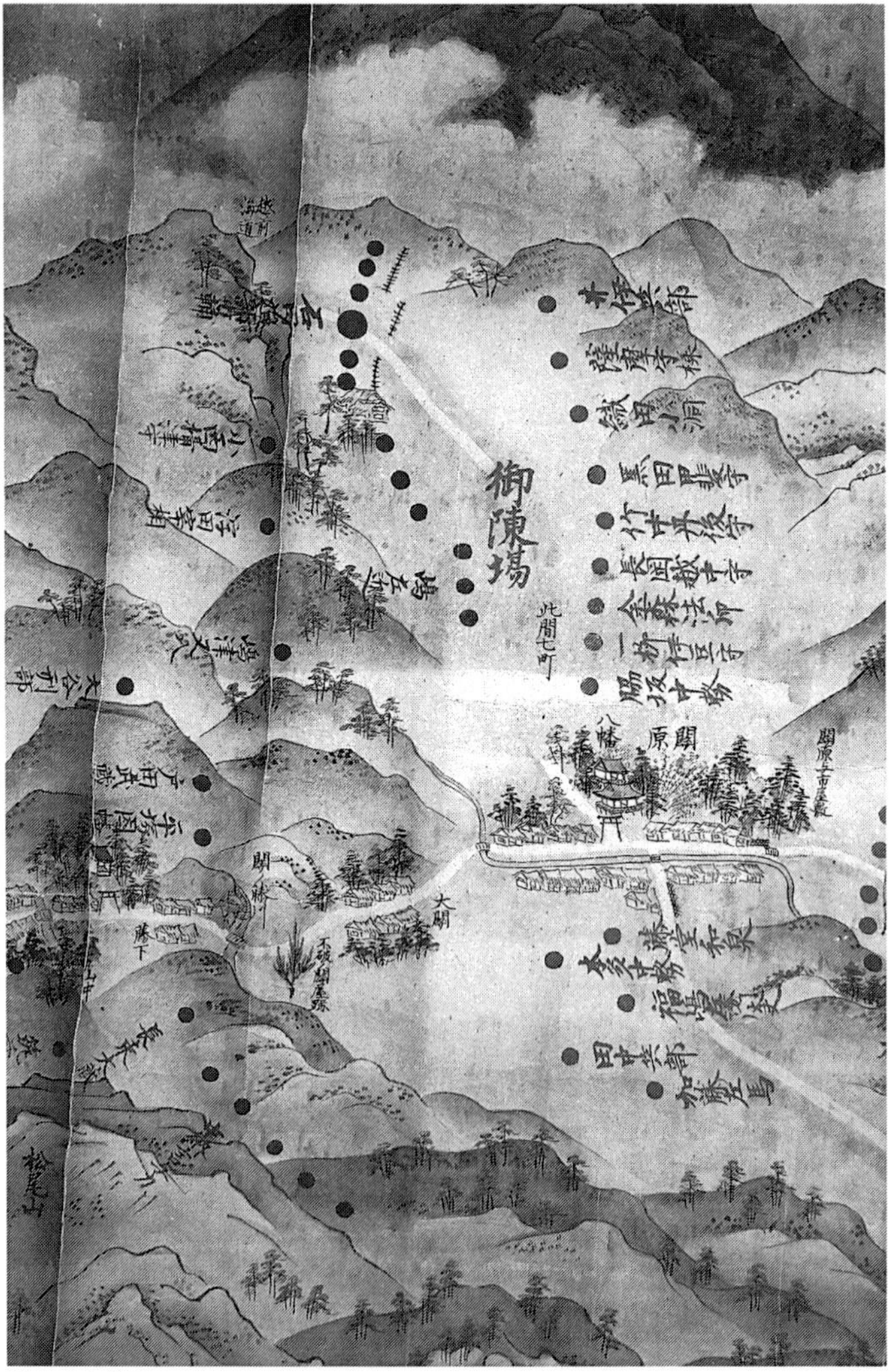

関ヶ原合戦図（長浜市長浜城歴史博物館蔵）

三成が豊臣政権の外交を担うことで、そこにはおのずと派閥が形成された。大谷吉継《よしつぐ》とは、天正十三年の奉行就任以来の同僚で、小田原北条氏攻め・朝鮮出兵などで行動を共にしてきた。三成が豊臣政権との橋渡しをし、大名として残ることを許された島津氏は、三成に対して恩義を感じていたという。朝鮮出兵では加藤清正らの主戦派に対し、常に戦局を冷静に見つめていた小西行長と誼《よしみ》を通じた。上野国沼田（群馬県沼田市）で小田原北条氏と対峙《たいじ》する信濃真田氏も、三成ら奉行層の主導で行われた北条攻めに期待するところ大であった。このように三成と結ばれていった人脈が、秀吉亡き後の関ヶ原合戦で、西軍に結集することになる。

西軍に参加した大名の思惑は、実に様々なものであった。単に人的つながりで、三成に与《くみ》する者も多かったであろう。しかし、西軍を率いた三成には、明らかに新たな国家像へのビジョンがあった。関ヶ原は、その構想を実現するための戦いであった。それは、秀吉直属の奉行層を中心に中央集権的な国家を築き上げることである。政策的には、太閤検地を全国の大名領に行い、豊臣政権型の政治・経済システムを普遍化させることであった。

しかしこの政策の実行は、徳川家康をはじめとする大名連合―地方分権的国家を模索するグループとは対立を深めることになる。彼らは、豊臣政権による大名家内・領国内への干渉・統制を快く思わない人びとであった。文禄四年（一五九五）の関白豊臣秀次（秀吉の甥）

の失脚は、分権派が支持する「関白」という日本古来の職制による統治を否定し、秀吉専制による中央集権を目指す三成ら奉行層・集権派が勝利したものだった。

だが、関ヶ原合戦での西軍の敗北は、三成の構想にストップをかけた。逆に東軍の勝利は、家康による新たな国家体制が歩み始めたことを示していた。江戸時代の幕府と大名による連合国家―幕藩《ばくはん》制は、豊臣政権内の対立を止揚《しよう》した結果、こうして築きあげられたのである。

三成の出生地と祖先

三成の出生地

滋賀県長浜市石田町に、石田三成《いしだみつなり》が出生したと伝えられる土地がある。小字《こあざ》名を「治《じ》部《ぶ》」といい、広さが一町四段《たん》（約一万三千八百八十平方メートル）ほどある。この小字すべてが、石田家の屋敷であったかは定かでないが、地名自体は石田三成の官途《かんと》「治部少輔《じぶのしょうゆう》」から命名されたものである。実は、この地には別の地名がある。東に山一つ隔てた大原観音寺の「御油田」（ここからの年貢を、寺で使う油代に当てた田地）であったことを示す、「ごいで」という呼び名である。推察するに、この「ごいで」が中世の地名であったが、豊臣政権の時代、五奉行の一人として活躍する石田三成の名が、あまりにも有名になったので、生家の地に三成の官途がつけられるに至ったのであろう。

現在、この館跡を訪れると、昭和十六年に建造され「石田治部少輔三成出生地」と大書された石碑が目に入る。その左には、最近造立された石田三成像がひかえ、その手前には三成の事跡を写真・パネルなどで紹介している石田会館がある。しかし、石田家の屋敷で

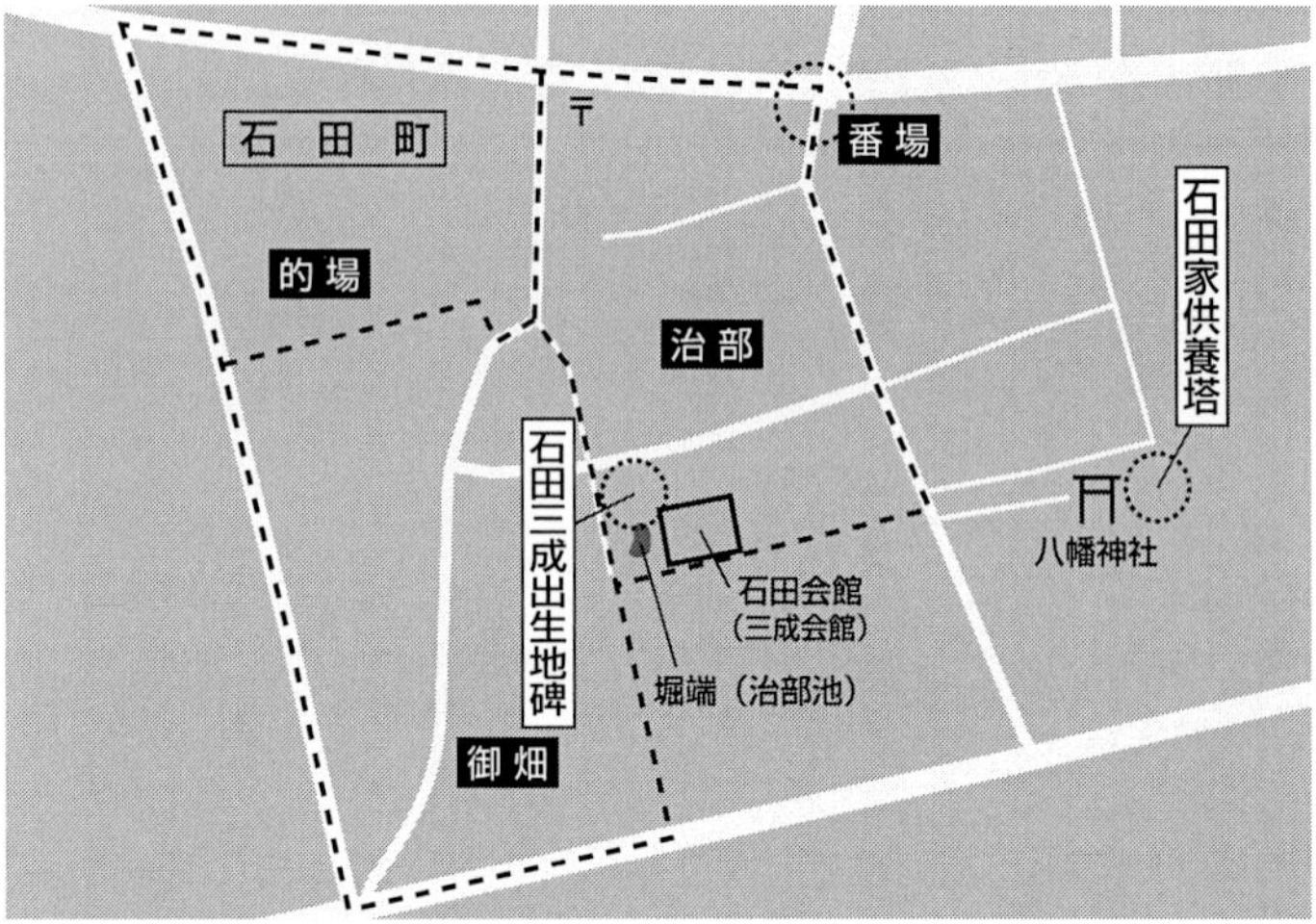

石田氏館跡推定地と周辺関連地図

あったことを示す直接の証拠はさほど多くはない。わずかに、小字「治部」の南西端に、「堀端《ほりばた》」あるいは「治部池」と呼ばれる小さな池があるのみである。この池は、石田屋敷の堀の一部であると伝えられている。隣接地に目をやると、「的場」・「番場」・「御畑《みたけ》」といった、「村の武士」に関わりありそうな地名が並ぶ。前二者は、「村の武士」の軍事調練に関する地名、「御畑」は「村の武士」の所有畑と解されている。

三成の家・石田家は、この屋敷跡の状況から容易に推定できるように、土豪とか地侍《じざむらい》とか呼ばれる「村の武士」であった。この地には、他の土豪の家と同じ様に、堀と土塁で囲まれた七〇メートル四方ほどの屋敷があったと考えるべきであろう。ちなみに、この屋

治部池（滋賀県長浜市石田町）

敷跡の東には、石田家の氏神と言われる八幡神社がある。昭和十六年、この八幡神社の境内から、故意に割られた多数の五輪塔残欠が発見された。その一部には、天文《てんぶん》・永禄《えいろく》の年号が刻まれているものもあり、石田家に関係ある墓で、その滅亡後破壊されたのではないかと推定されている。昭和四十七年になって、八幡宮の裏手に供養塔が新たに建立され、その周りに出土した墓石も改葬されている。

三成の出自ついての諸説

石田三成の出自について、江戸時代に書かれた『常山紀談《じょうざんきだん》』や『名将言行録』には、その生家は貧しかったと記されている。近代に入ってから三成出生について触れた研究は、渡辺世祐氏を筆頭として、今井林太郎、石田多加幸《たかゆき》、小和田哲男各氏のものがある。そこでは、先の三成貧民説は否定され、石田家は「村の武士」つまり土豪の家であるという見解が取られてきた。もちろん、その論証の一つには、冒頭に触れた三成屋敷の状況も加えられているし、私もまったく同感である。

石田氏の系譜については、これまでの研究では、『霊牌日鑑《れいはい》』の記述が注目されている。これは、三成が父・正継《まさつぐ》のために京都妙心寺内に建立した寿聖院《じゅしょういん》に伝わる過去帳である。そこでは、正継の父（三成の祖父）を「前陸奥《さきのむつ》入道清心」、正継の祖父（三成の曾祖父）を「前蔵人《さきのくらんど》入道祐快《ゆうかい》」と記し、さらにそのルーツは、源平合戦の際、木曽義仲《きそよしなか》を討ち取ったことで知られる石田為久《ためひさ》であるとする。また、最近白川亨氏は、和歌山県有田《ありだ》郡湯浅町にある極楽寺の系図をもとに、正継の父は北面の武士・下毛野《しもつけぬ》氏の後裔《こうえい》であるが、その母方の名字をとって石田と改名したという見解を示されている。この極楽寺は、石田三成の兄・正澄《まさずみ》の子朝成《ともなり》に始まるという寺院である。

一方、石田家は湖北の守護・京極《きょうごく》氏の家臣であったとも言われる。讃岐丸亀藩京極家の記録『京極家譜』に、被官として石田氏の名前が見えるためである。この石田氏の本拠は、坂田郡石田村ではなく、同じ坂田郡内の梓河内《あずさかわち》村（米原市梓河内）であったと考えられている。この集落は文字通り「梓」と「河内」からなるが、中世の東山道《とうさんどう》（江戸時代の中山道）に沿う「梓」の集落から南に延びる谷中にあるのが「河内」である。この「河内」の奥には、京極氏の「隠れ城」と伝えられる猪《い》ノ鼻《はな》城があり、近くで京極氏の城の守備に当たっていたのが石田氏であったという。また、「梓」では、京極氏が関を設けて関銭を徴《ちょう》していたことが知られており、関の管理にも石田一族が関与していたと言われている。同村の常福寺の過去帳には、至徳《しとく》三年（一三八六）から石田源左衛門の家系が連綿と記されており、室町初期ごろ、源左衛門の子孫で正継の曾祖父に当たる人物が、坂田郡石田村に転出したと伝えられている。

他方、江戸時代に作成された、戦国期近江国の地侍リストである『江州佐々木南北諸士帳』には、「石田住」として石田刑部《ぎょうぶ》左衛門と石田長楽庵《ちょうらくあん》の二人を挙げている。後者の「長楽庵」は、能書家として知られた人物で、浅井家の祐筆《ゆうひつ》を務めている。彼らも、石田三成の祖先と何らかの関わりがあると見られている。

なお、天文五年（一五三六）の伊吹社奉加帳に見える石田七郎左衛門や新左衛門尉も三成の祖先たちであろう。

先祖は荘園の代官

以上が、石田三成の祖先につき、従来の研究で言われている内容である。ところが、もっ

大原観音寺本堂（滋賀県米原市朝日）

と身近で確かな史料に三成の祖先が登場する事実が、これまで見逃されてきた。その史料とは、三成が幼時預けられたとも言われ、「三献《さんこん》の茶《ちゃ》」の逸話の舞台とも言われる大原観音寺の文書である。大原観音寺は、三成が生まれた石田から東に峠を越えた麓、かつての大原荘内、現在の米原市朝日にある天台宗寺院である。滋賀県指定文化財となっている六〇〇点余にのぼるその所蔵文書の中に、石田村の土豪だった石田氏の姿が散見されるのである。

まず、その初見は応永《おうえい》二十六年（一四一九）の「本堂造作日記帳」である。ここには、観音寺本堂の造立に当たり、寄付を行った人々の名が列挙されているが、その一人に「一貫文　石田東殿」とある。

その隣には、「五百文　石田村人中ヨリ」とある。当時、「殿」という敬称をもって呼ばれた人々は、土豪という「村の武士」であった。この「石田東殿」が、石田三成の祖先である可能性は大である。

下って、文明《ぶんめい》年間（一四六九〜八七）と推定される九月十六日付けの文書【1】に、「石田式部丞景俊《しきぶのじょうかげとし》」という人物が現れる。この文書は、三成の祖先と目される石田景俊が、坂田郡上坂《こうさか》村（長浜市東・西上坂町付近）の土豪で、京極高清の執権として、当時の北近江の最大の実力者であった上坂家信《いえのぶ》、その一族・上坂秀信と共に出したものである。内容は、観音寺領の年貢を横取りする者がいるのは許せないことで、百姓を催促して年貢が確実に上納されるようにと命じた書状である。

大原荘は、現在の米原市大原小学校区に当たり、この文書が伝来した観音寺はその西端にあったので、「大原」の名を冠して「大原観音寺」と呼ばれる。観音寺の寺領は、この大原荘内に多くあったが、山を西に越えた現在の長浜市域にも、かなり点在していた。この文書で石田景俊らが保証した寺領は、観音寺領の中でも、その勢力が及ぶ石田を中心とした所領と考えられるが、逆に観音寺に頼られるぐらい、石田氏は山西部（石田町付近）では勢力を有していたことを示していよう。

さらに、この石田景俊は文明十四年（一四八二）四月三日、春運という者が坂田郡山室《やまむろ》の保《ほ》の内石田字《あざ》中コヌの地一反を売却した証文に、「下司《げし》」として署名している。この証文も、観音寺所蔵文書の一つである。山室保の「保」は「荘」と同様な意味で、中世の荘園の一種と考えてよく、比叡山の門跡《もんぜき》・青蓮院《しょうれんいん》の所領であった。位置は、冒頭に触れた石田三成の出生地と、東隣の八幡神社の間の道を境に、そこから東の地域となる。三成出生地を含む、その境から西の地域は、福能部《ふくのべ》荘という別の荘園であった。石田と大原観音寺の間は、観音坂という峠道でつながるが、この道は後に木下秀吉が城を持つことになる横山を越える。この観音坂の石田側の登り口に、坂下の集落があるが、この山室保はこの坂下を中心とし三方山に囲まれた、文字通り「山」の「室《むろ》」状態の荘園ということになる。

石田景俊はこの荘園の「下司」といって、荘園の現地でその経営を預かる代官であった。そして、彼はこの文書で、その山室保内での売買の成立を、荘園代官としての役職上保証し、サインをしていることになる。この他、文亀《ぶんき》二年（一五〇二）の文書では、石田氏は山室保の公文《くもん》として見える。公文も、同じく荘園の代官である。

「村の武士」たちの選択

下って、三成がまだ秀吉に見出される前の永禄年間（一五五八〜七〇）の観音寺文書には、三成の父・隠岐守正継がまだ十左衛門《とうざえもん》と称していた時代の書状が数点残っている。これらを見ると、石田正継は観音寺への寄進田年貢を納入し、同寺の「旦那職《だんなしき》」を受けるなど、観音寺を支える立場にあったことが読み取れる。このように、観音寺文書からは、同寺と石田家の深い関係がうかがわれ、三成が幼時預けられていたという話もうなずける。

以上、観音寺文書に残る文書から、石田家は三成が活躍する二百年近く前から、山室保という荘園の代官として、坂田郡石田に住まいした土豪であったことが知られた。この事実は、これまでの三成研究では触れられて来なかった。ただ、従来言われている通り、石田家が京極氏に仕えたことは事実であろう。また当然、その後台頭する浅井家にも従臣したと考えられる。そして、もう一点、坂田郡梓河内から石田への移住が事実とすれば、観音寺文書へ石田家が初めて現れる応永年間以前の話と考えるべきであろう。

信長・秀吉の時代、土豪＝「村の武士」たちには、大きな決断が迫られた。村を離れて武士になるか、それとも村に残って農民として生きていくかである。兵農分離と言われるこの大改革の前に、湖北の土豪たちも大いに迷い、さまざまな選択を行った。ある者は、浅井氏滅亡と共に農に帰した。また、ある者は関ヶ原合戦までは大名に従い各地を転戦したが、結局は村へ帰った。もう少し長く大坂の陣まで武士であったという者もいたであろう。

一方、江戸時代に武士となった者には、山内一豊《やまうちかつとよ》や蜂須賀家政《はちすかいえまさ》など豊臣系の大名の家臣となって、各地へ散らばっていった者も多い。そして、自身大名となった家もあった。小堀遠州の小堀家や、脇坂安治の脇坂家などである。湖北の地は、天正《てんしょう》元年（一五七三）から十年ばかり、後に天下を取ることになる秀吉の領国になった関係上、武士の道を選んだ土豪は、他の地域よりも多かったかも知れない。秀吉自身はもちろん、尾張や美濃から従ってきた秀吉の家臣たちも、そのまた家臣を湖北の地で物色したからである。そんな中、秀吉自身に見出された三成は、順調に大名としての道を歩んで行くはずであった。しかし、その道は徳川家康によって、慶長五年（一六〇〇）九月十五日、出生地から二十キロも離れていない関ヶ原で、無惨にも閉ざされたのである。

三成と秀吉との出会い

三献の茶

三成と秀吉の出会いについては、人口《じんこう》に膾炙《かいしゃ》された「三献の茶」の逸話がある。この逸話は、『志士清談』や『名将言行録』など江戸時代の複数の逸話集に掲載されているが、ここでは『武将感状記』から関連箇所を抄出《しょうしゅつ》してみよう。

石田三成はある寺の童子なり、秀吉一日放鷹《ほうよう》に出《い》で丶喉《のど》乾く、其の寺に至りて、誰かある、茶を点じて来れと所望あり、石田大なる茶碗に七八分にぬるくたて丶持ちまゐる、秀吉之を飲み舌を鳴し、気味よし、今一服とあれば、又たてて之を捧ぐ、前よりは少し熱くして茶碗半《なかば》にたらず、秀吉之を飲み、又試《こころみ》に今一服とある時、石田此の度は小茶碗に、少し許《ばか》りなるほど熱くたて丶出づる、秀吉之をのみ、其の気のはたらきを感じ、住持にこひ、近侍に之を使ふに才あり、次第に取り立てて奉行職を授けられぬと云へり、

法華寺跡（滋賀県伊香郡木之本町古橋）

この「ある寺」がどこであるかについて、小和田哲男氏は伊香郡古橋村の法華寺三珠院説と、坂田郡大原荘の大原観音寺説の二つをあげ、検証をほどこしている。小和田氏の結論は、大原観音寺は石田氏のもともとの檀那寺であり、なおかつ石田村から峠を越えた隣村の寺であるので、総合的には可能性が高いとしている。三珠院はあまりにも遠方だとするのである。さかのぼって、三成の古典的な研究となった今井林太郎氏も同様の説をとっているし、明治四年に刊行された『名将言行録』に至っては、寺名を観音寺と特定しており、三成と秀吉の出会いの場所は、どちらかと言うと大原観音寺説が有力である。

三珠院説の根拠

法華寺三珠院説の根拠は、近江の代表的な地誌で享保十九年（一七三四）に成立した『近江輿地《よち》志略』によっている。同書には法華寺の項があり、次のように記している。

古橋村民屋《みんおく》より八町許《ばかり》奥にあり、寺中六箇寺あり、真言宗、石田治部少輔三成幼少の時、手跡《しゅせき》を此寺の三殊（珠）院に習ふといふ故にや寺中に三成の墓あり、当寺は醍醐の末寺なり、神使熊山《こうづくまざん》法花寺と号す、

この寺で、三成が幼少の時に手習いを受けたというのである。また、三成の墓があるとしているのは、その母の墓の誤りであろう。法華寺は伊香郡古橋村にあった己高山《こだかみやま》観音寺を中心とする中世寺院の一つである。己高山は観音寺の他、鶏足寺・飯福寺《はんぷくじ》・石道寺《しゃくどうじ》など複数の寺で構成されたが、その寺々はすべてが無住となり、各寺院に安置されていた仏像は古橋の己高《ここう》閣・世代《よしろ》閣という文化財収蔵庫に収められている。その己高閣に、現在も石田三成の母の墓といわれる宝篋印塔《ほうきょういんとう》が存在する。塔身は何も記されていないが、基礎には「石田隠岐守内方／為宗珠大禅尼／文禄三年九月三日／孝主敬白」との陰刻銘がみられる。もともと法華寺の近くの谷にあったものだが、現在はこの収蔵庫に移されている

のである。

銘文にある石田隠岐守は、他ならぬ石田三成の父・正継を指すから、その内方（妻）の墓となれば、三成母の墓ということになる。大徳寺三玄院に伝来する三成母の画像には、明治四十年に修理された賛文が記されているが、本来の賛文は文禄三年（一五九四）春上《じょう》澣《かん》の年紀をもっていたようだ。賛文の年号は没年をとる場合も多いので、春というのは石塔の九月とは合致しないが、文禄三年という年号のみは一致する。

この他、法華寺には貞享五年（一六八八）の過去帳『霊牌日鑑』が伝わっており、そこには三成・三成母・正継の法名と忌日が記されている。同寺は江戸時代を通じて石田家の菩提を弔っていたのである。さらに、古橋村の庄屋文書である「高橋家文書」には、三成の兄正澄の文書が二通伝わっている。この内、文禄四年（一五九五）の村掟については後述するが、北近江で兄正澄が村政に関わる文書を出しているのは、この古橋村のみであり、石田家と同村の深いつながりを類推させる。また、三成が関ヶ原での敗戦後、この古橋村に逃れてきたのも、石田家との深い縁《えにし》がある村だからであろう。なお、己高山の一寺院である飯福寺には、後述するように正継の文書が二通伝わっている。

こういった古橋村や法華寺と、石田家との深い「つながり」は、三成の母の故郷であったことに起因するものであろう。とすれば、三成が幼少手習いをした寺院が、法華寺三珠院であったことは十分考えられ、先の『近江輿地志略』の記述も、近世の伝承として切り捨ててしまう訳にもいかない。

大原観音寺説の根拠

一方、観音寺説だが、先に記したように石田家は三成の約二百年前の祖先から、観音寺とは密接な関係を保っていた。また、三成の父・正継は「観音寺文書」中に三通の書状を残している。いずれも「十左衛門尉正継」、あるいは、「十左正継」と署名し、浅井長政の家臣時代の文書である。その内、永禄六年（一五六三）十二月と年欠の九月十八日の書状【2】では、石田家から観音寺への寄進田年貢が、他者の妨害があり寺に納まっていないことを問題としている。前者では観音寺領の代官と見られる下村次郎左衛門尉に、観音寺への確実な年貢納入を依頼するとともに、後者では住僧の中に石田家の寄進田であることを否定する者がいることを「御出家ニ似相《あ》わず候、…此《こ》の方寄進にてなき事ニ候はば、歎《なげ》かハしく存じ申し候」と結んでいる。

年月欠二十三日付けの正継書状は、観音寺の「檀那職」を受けることを了承し、その誓詞案文を寺に提出した際の副状《そえじょう》である。この石田正継の「檀那職」受諾にたいして、観音寺は惣山住僧の起請文を準備する提案をしたが、正継は七十歳の老僧に頼まれたことな

石田三成水汲ノ池（滋賀県米原市朝日観音寺）

ので、その僧一人の起請文があればよいと述べている。おそらく、この老僧が観音寺一山の住職だったのであろう。正継の文書は、後述する佐和山城代の時代も、非常に具体的で口語的な表現が多いが、「観音寺文書」に見る浅井氏時代の文書も、同じ傾向がうかがわれる。

このように、三成の父である正継は、観音寺の「檀那職」を受ける人物であった。この事実だけをおさえれば、その子を小僧に出していた寺は、観音寺である可能性が高い。ちなみに、現在も観音寺境内には、三成が秀吉に出す茶湯を用意するため、水を汲んだ「石田三成水汲ノ池」といわれる井戸跡がある。

「ある寺」探しの意味

結局、「ある寺」がどこであるかは、三珠院説・観音寺説、両者ともそれなりの根拠があり結論が出ないのである。ただし、三成が秀吉に茶を出したというのは、江戸時代の逸話集に出てくる物語であることを思い返そう。夢も希望もない話だが、そもそも逸話自体が史実ではない可能性も高く、その場合はこの「ある寺」探しは、虚構の寺を探すことになり何の意味もない。逸話が史実であると確認しようがない以上、天正元年（一五七三）九月一日、浅井長政を滅亡させ、北近江の支配権を信長から託された秀吉が、その領内から有能な人材を発掘して近習《きんじゅ》にした。その一人が石田三成であったという程度しか、歴史学では述べることはできない。

しかし、この「ある寺」探しは、三成の人生を考えた場合、決して無意味な作業とは言えないであろう。三珠院説からは石田家と古橋村の深いつながりを導き出すことができ、関ヶ原合戦後、三成がなぜ古橋に隠れたかという謎を解決する。大原観音寺説からは、父・正継の浅井氏家臣時代の動向を知ることができ、究極のところ伝承しか存在しない三成石田村出生の事実を、確実な史料で裏付けることができるからである。三成の生涯を追うための確実な史料は、彼が二十四歳となった賤ヶ岳合戦前後まで存在しないのが実情である。

父と兄―正継と正澄―

父・正継の姿

三成の活動を考える際、その父正継《まさつぐ》と兄正澄《まさずみ》の存在は重要である。関ヶ原合戦後、佐和山城（彦根市佐和山町・古沢町）の留守居を務めていた両者は、東軍の猛攻により同城で、関ヶ原の二日後の九月十七日に自害して果てる。戦国時代は、親子・兄弟分かれて戦うことも多い。父兄共に三成と運命を共にしているのは、彼らが秀吉政権での三成の働きを支え、一心同体で政策を実行していた結果と考えることができるであろう。

三成の父は坂田郡石田村（長浜市石田町）の地侍で、もともとは石田十左衛門尉《とうざえもんのじょう》正継と名乗ったことが、隣村の大原観音寺（米原市朝日）の文書からわかることは、先に触れた。天正十九年（一五九一）に、三成が佐和山城主になると、秀吉の側につめ居城には戻れない三成に代わって、湖北四郡（伊香・浅井・坂田・犬上）の領内支配を代行したと考えられる。その頃には「隠岐守《おきのかみ》」に叙任《じょにん》している。

現在、湖北地方には正継が発給した文書が、二十通余り残っている。後述するように三成が佐和山城に入ったのは、天正十九年だが湖北四郡を領国としたのは、文禄四年（一五九五）であることが最近わかってきた。正継の湖北の統治関係文書も、文禄四年以降のものが大半である。

正継の文書

その中の一通、十二月九日に坂田郡上坂村（長浜市西上坂町）の百姓に宛てた文書を見てみよう。その地の地侍・上坂氏の命に服しない百姓について、正継は「昔は主《あるじ》にて之有《これあ》るべく候《そうろう》、道に行き相《あい》候はば、腰どもかがめ然《しか》るべく候」と、近年の百姓の非礼をしかりつけている。上坂氏は「村の武士」であり、村の安全を守る「村の主《あるじ》」として村人に

石田正継像（寿聖院蔵）

敬意をもって扱われてきたはずだ。だからこそ道で行き交えば住民は腰をかがめ頭を低くして挨拶した。しかし、兵農分離がなされ農民となった上坂氏に対して、村人たちは頭を下げることがなくなった。昔の「村の主」をないがしろにするのは道義にもとる。そこを、正継は怒っているのだ（上坂家文書）。

また、正継が正月二十三日に伊香郡古橋村の百姓に宛てた文書は、西蔵という僧が同村内の法華寺に対して狼藉《ろうぜき》を働き、逃走して付近に潜伏しているので、逮捕に協力するように命じたものである。この文書の中で、正継は西蔵に味方する者を見つけたならば、「打《うち》ふせたゝき殺候《そうろう》ても苦しからず候」と述べている（已高山中也文書）。殺してしまってもよいとはっきり言っているのである。こんなストレートな表現がなされた文書を私は知らない。通常は、「曲事《くせごと》に申し付け候」とか、「罪科に及ぶべき候」とか、もう少し婉曲《えんきょく》な表現を取るのが普通である。

このように正継の命令書には、公文書としては異例な口語的な文言《もんごん》が多く使われており、その型にはまらない「気さく」な人柄がしのばれる。また、署名の下に据える花押や黒印の他に、これまた当時としては異例な藍印《らんいん》（青い印）を使用している文書がある。当時の大名として、藍印《らんいん》を使用した人物も私は寡聞にして知らない。何事にも「こだわり」をもった、粋《いき》な人物像が浮かび上がってくる。

兄・正澄の姿

三成の兄・正澄はもともとは「弥三」と称したが、文禄二年（一五九三）に「木工頭《もくのかみ》」に叙任《じょにん》している。文禄三・四年頃からは、弟三成と同様に堺奉行となっている。天正十七年（一五八九）には秀吉から美濃国の検地条目を与えられ、同国の検地にたずさわった他、朝鮮出兵の際には、後述するように前年から名護屋城普請や諸将の出陣の手配に当たってい る。文禄元年（一五九二）に城戸《きど》清種が筑前国筥崎宮座主《はこざきぐうざす》の使者として、名護屋城で秀吉との謁見を果たした際には、「取次」を正澄が行った。また、弟三成と同様、島津氏と豊臣政権との「取次」も行っている。

さらに、彼は長束《なつか》正家と連署したり（滝川文書）、豊田定長と連署して（下郷共済会蔵文書）、秀吉の意向を伝えている文書もあり、三成と同様に秀吉政権の奉行として活動していたことは間違いない。その地位については、片桐貞隆（且元の弟）・山中長俊らと共に「十人衆」と呼ばれ、三成ら五奉行クラスより一段格下の中堅吏僚であったと考えられている。さらに、慶長三年（一五九八）の醍醐の花見には、秀吉側室松の丸殿に随行しているように、秀吉側近として政権の中枢にいたことも事実で、さまざまな局面で三成の仕事を援助していたと推定される。ちなみに、松の丸は秀吉の側室としては、淀殿に次ぐ地位を持ち、北近江の守護の流れとなる京極高次の妹に当たる。正澄は二万五千石を領する大名でもあり、父から「正」の一字を与えられていることからみても、本来は石田家の正嫡《せいちゃく》であったと考えられる。三成は寺に預けられたという逸話が物語るように、本来は大名となることを期待されていなかった。彼が秀吉に見出され、その奉行から大名まで出世できたのは、正にそのずば抜けた政策立案能力や、行政手腕があったからに他ならない。

正澄の文書

重要文化財となっている「相良《さがら》家文書」(重要文化財)中の一通に、石田正澄が肥後人吉《ひとよし》城主の相良頼房(長毎《ながつね》)に対して出した、天正十九年(一五九一)八月二十三日の文書が伝来している。来年三月の「唐《から》入り」(朝鮮出兵)を伝え、あわせて名護屋城普請が黒田長政・小西行長・加藤清正に命じられ、九州大名(「筑紫衆」)の人夫動員は、軍役の三分の一が用捨されると決まったとある。すなわち、相良氏に対して朝鮮出兵に備えるように指示し、名護屋城の普請にも人夫動員が来るであろうことを予告したものである。

石田正澄は、名護屋城普請を最も早い段階から任されていた奉行であった。『太閤記』によれば、名護屋城山里丸の「数寄《すき》屋」や「二階門」など五ヶ所について、正澄が造営を担当したとある。一方、『豊前覚書』によれば、正澄の屋敷は名護屋城のすぐ近くにあったことが知られ、同城の維持・管理についても、正澄の役割は大きかったと見られる。

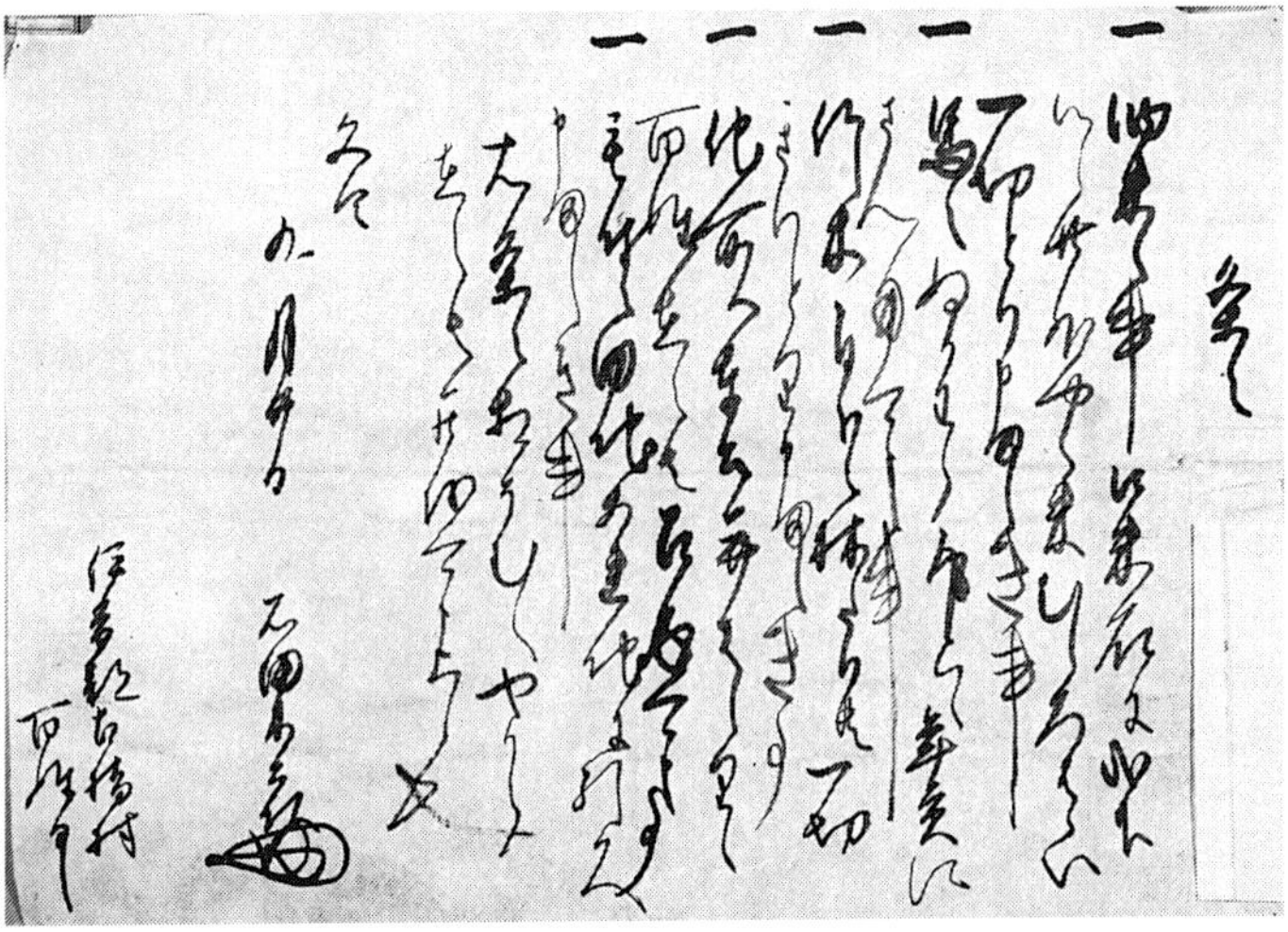

石田正澄村掟（高橋家文書）

この正澄が、三成の領国であった伊香郡古橋村（伊香郡木之本町古橋）へ、文禄四年（一五九五）九月二十日に出した村掟【3】が残っている。①「口米《くちまい》二升」の他は付加税を取らないこと、②馬の飼料となる「糠藁《ぬかわら》」を村から取った場合は、年貢として計算すべきこと、③竹木を勝手に伐《か》ってはならぬこと、④町へ奉公に出たり、村から逃亡した百姓があれば、呼び返すべきこと、⑤田地を荒らさないことの五ヶ条に及ぶ。①と④の内容は、後述する三成が翌年三月一日に出す十三ヶ条と九ヶ条の掟書と共通した条文である。三成の詳細な掟書に先行するものとして、その成立過程を考える重要な文書である。三成はこの兄の掟書を踏まえて、自らの掟書の案を練ったことになり、兄弟の間で豊臣政権の政策をめぐって対話があったことを偲ばせる。

ところで、正澄がこの文書をいかなる権限で出したかが問題となる。この文書が出された文禄四年九月は、三成が湖北四郡をその所領にした直後であるが、兄の正澄が三成の佐和山領の統治に関わっていた形跡が、この文書以外から確認できないからである。したがって、正澄とこの文書の宛名である古橋が、特別な関係にあったと考えざるを得ない。先にも記したように、古橋は三成の母の出生地である。三成が関ヶ原から逃れて古橋に至り、そこで捕縛されたのも、この地が幼少から見知った土地であったからであろう。古橋は石田家にとって、このように特別な地なのである。その由緒深い地は、石田家の正嫡であった正澄に所領として与えられていた可能性は高いであろう。古橋は石田正澄の直轄領であったので、この掟書が出されたと理解しておきたい。

二　秀吉の家臣として

賤ヶ岳合戦前後の三成

「三也」と署名する書状

秀吉の家臣となった三成は、最初秀吉の身の回りの世話をする「近習」となったと推定されるが、天正四年(一五七六)に秀吉が信長から中国攻めを命じられると、これに従軍したと考えられる。播磨上月《こうづき》城攻め、同三木城攻め、但馬侵攻から因幡鳥取城攻め、さらには備中高松城攻めと、矢継ぎ早に中国東部を制圧する秀吉の側で、三成は活躍したと思われるが、それを示す史料は何も残されていない。秀吉家臣としての三成の活動が、初めて史料上に表れるのは、信長が討たれた本能寺の変直後のことである。

天正十年(一五八二)六月二日の本能寺の変に際して、淡路国では明智光秀に呼応して、毛利氏の配下であった菅《かん》平右衛門尉が洲本城を占拠し、備中国から光秀追討に向かう秀吉軍の側面を脅かしていた。六月九日、明石に着陣した秀吉は、軍の一部を割いて淡路に派遣し、洲本城の菅平右衛門尉を破り、同じ淡路国内の岩屋城を修理して守備の軍を配置した。この菅氏攻めに秀吉軍として参加した、淡路の地侍である広田蔵丞《くらのじょう》に宛てた感状

【4】が残っており、洲本市指定文化財となっている。

天正十一年（一五八三）の正月二十三日付けで「石田左吉三也《みつなり》」と署名がある。三成が最初その実名《じつみょう》を「三也」と記してことがわかる、数少ない史料である。また、三成が出した文書として、現在わかっている範囲では最も古い。三成を「みつなり」ではなく、「かづしげ」と呼ぶべきという説は、『甲子夜話《かっしやわ》』や『名将言行録』などに見えるが、この署名からすれば「成」を「なり」と読んでいたことのみは実証されよう。さらに、渡辺世祐氏も記すように、「かづなり」と読んだという積極的な理由もないので、とりえずは通説のように「みつなり」と読んだと考えておこう。「三也」から「三成」への改名は、天正十一年四月の賤ヶ岳合戦直後のようである。

秀吉への「取次」役としての三成

この書状では、広田蔵丞が明智方についた菅平衛門尉の家来を討ち取り、あるいは生け捕ったこと。その生け捕った者を、淡路国洲本城主となっていた仙石《せんごく》秀久を通して、増田《ました》長盛まで届けたこと。広田氏の功績を、秀吉に取り次ごうとしているが、秀吉の機嫌が悪く表《おもて》に出てこないので、まだ言えていない。しかし、内々に約束している知行のことは、仙石秀久などへも連絡してあるので、問題なく与えられるので心配は不要であることが述べられている。三成がすでに秀吉側近として、各武将からの報告や恩賞要求を取り成す、「取次」としての役割を果たしていたことが読み取れる。

また、この件に関して、その年の八月に出した三成の書状【5】も残る。署名はすでに「三成」となっており、秀吉から淡路国支配を任されていた仙石秀久宛てで、同じく洲本市指定文化財となっている。広田蔵丞への秀吉宛行状の発給について、淡路国内で領地を与えるつもりで秀吉の同意もとってあるが、仙石自身への宛行状も出されていないので、今のところ発給を延ばしている。広田蔵丞は知行を与えても無駄にならない武将と、仙石からの推薦もあるので、一度会ってみたいとも記す。今後も、秀吉への「取次」は続けるので、少々待つようにとの指示と考えられる。ここでも、秀吉への取次役としての三成の姿が浮かび上がってくる。

賤ヶ岳合戦と三成文書

賤ヶ岳合戦は天正十一年四月二十日と二十一日、羽柴秀吉と柴田勝家が近江北部の余呉湖周辺で、織田信長亡き後の後継者争いに決着をつけるため戦った合戦である。勝家は三月十二日に戦場の伊香郡柳ヶ瀬村（伊香郡余呉町柳ヶ瀬）に着陣、その南方に多くの城郭を造らせ、自らは内中尾山《うちなかおやま》城（玄蕃尾城）に入った。秀吉は三月十日に伊勢国（三重県）から長

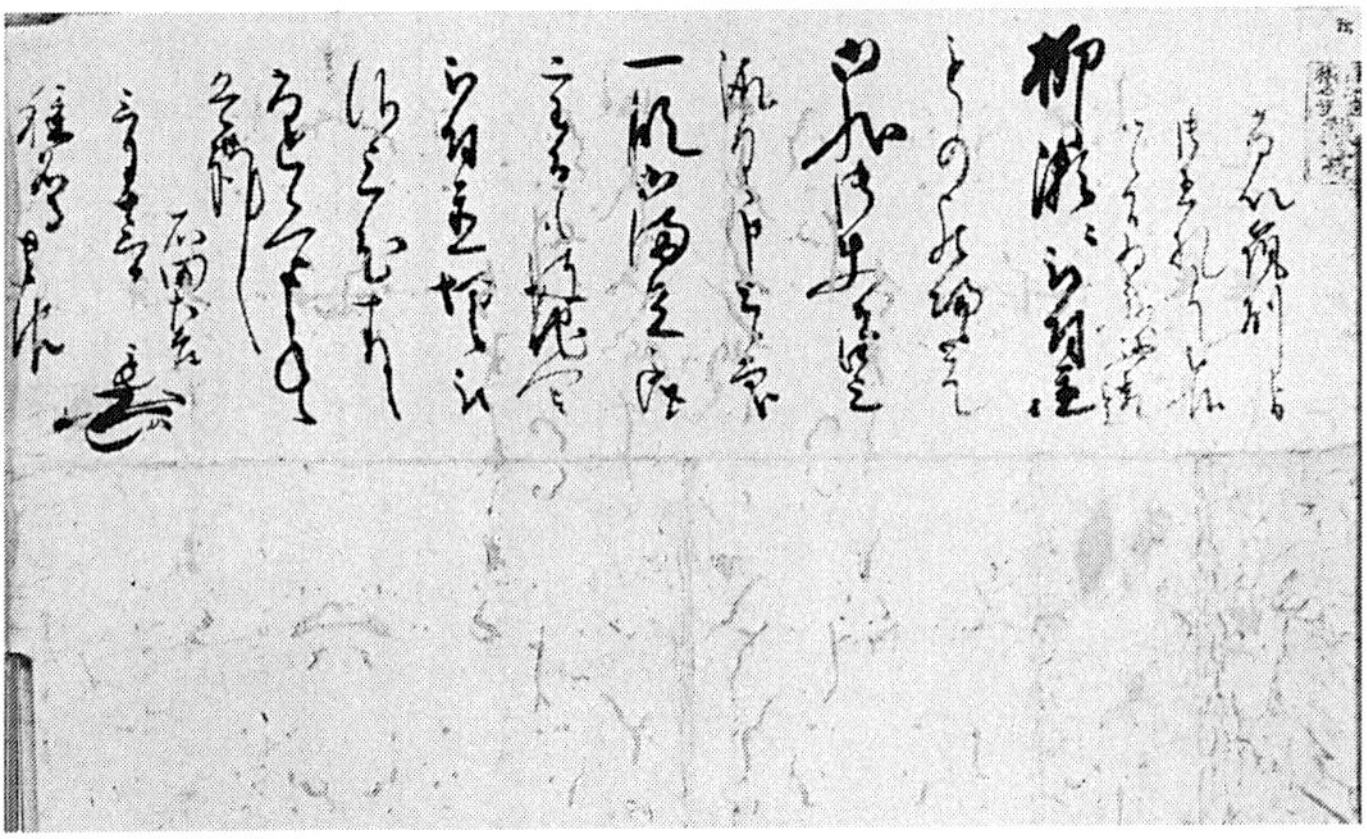

石田三也書状（称名寺蔵）

浜（長浜市）へ戻り、十七日には木之本（伊香郡木之本町木之本）の本陣に入った。そして、その北部に多くの城郭を造らせている。余呉湖周辺に構築された両軍の城郭は、主なものだけでも十数個に及ぶ。すなわち、賤ヶ岳合戦は四月二十一日の決戦まで、一ヶ月余り両軍が対峙《たいじ》していた期間があり、戦国合戦の中でも稀にみる「築城戦」であったのだ。

　この両軍が対峙する中で、三成の活躍の場があった。同年三月十三日付けの石田三成書状【6】（称名寺文書）は、秀吉軍のために諜報《ちょうほう》活動を行っていた、浄土真宗寺院の称名寺に宛てたものである。まだ、三成の署名は「三也」で、賤ヶ岳合戦の時はこの実名であったことがわかる。柴田勝家の陣地がある、柳ヶ瀬に遣わしていた者が持ち帰ってきた情報を、秀吉に申し上げた所、非常に満足の様子だったことを称名寺に伝えている。さらに、今後も柳ヶ瀬

賤ヶ岳合戦図屏風（長浜市長浜城歴史博物館蔵）

に人を配置するよう依頼している。この柳ヶ瀬に配置した者は、もちろん「忍びの者」であろう。おそらく、敵情を偵察する役目を負っていたと見られるが、称名寺はその「忍びの者」を管理・監督する立場にあったと考えられる。この時代の称名寺住職であった性慶《せいきょう》は、本能寺の変に当たり長浜城にいた秀吉妻子を、美濃国へ安全に避難させた実績があり、秀吉の厚い信頼を得ていた。

派遣した「忍び者」の活動

称名寺が派遣していた「忍びの者」の具体的な行動は、三成の書状から二日後に出された称名寺宛の羽柴秀吉書状（称名寺文書）によって確認できる。それによれば、余呉やその東の谷である丹生の谷の山々に隠れている百姓に対して、

秀吉側について柴田軍の首を取る手柄を上げたものは、褒美《ほうび》を遣わすと記されているのである。合戦を前にして村から逃れ、山々に潜伏している百姓に対して、秀吉側となって行動した方が有利であるとの情報を流し続けていたのである。賤ヶ岳において秀吉軍が七本槍の活躍により、瞬く間に柴田軍全体を敗軍に追いやった背景には、こういった三成や称名寺の指示による、「忍び者」の諜報活動があったと推察できる。

先の三成文書では、秀吉から直接礼状が届くであろうと、追而書《おってがき》に記されているが、それがこの二日後の秀吉書状であることは言うまでもない。ここにも、秀吉の側にいて、諜報活動について秀吉に報告し、その指示を受ける三成の姿がある。また、称名寺も三成を介して秀吉の指示を受けていたことがわかるのである。先の淡路の件も含めて、天正十一年(一五八三)には、秀吉側近としての三成の地位は確立していたことが読み取れる文書である。

なお、『一柳家記《ひとつやなぎかき》』によれば、秀吉の「先懸衆《さきがけしゅう》」として柴田軍に突撃した将兵十四人の中に、石田三成の名が見えている。石田三成の数少ない武功を示す記事として貴重だが、この「先懸衆」の話は、他の史料には登場しないので、信憑性《しんぴょうせい》は低いと考えられる。

奉行としての三成

「五奉行」制度の成立時期

石田三成は、秀吉が定めた「五奉行」の一人であったことは、あまりにも有名である。「五奉行」とは言うまでもなく、前田玄以《まえだげんい》（徳善院）・浅野長政《あさのながまさ》・増田長盛《ましたながもり》・石田三成・長束正《なつかまさ》家《いえ》の五人を言う。この「五奉行」制度の成立時期について、以前は『甫庵《ほあん》太閤記』の記述に従い、秀吉が関白に任じられた天正十三年（一五八五）七月と考えられてきた。これは、秀吉の関白就任と同時に、政治機構としての「五奉行」制度が成立したと思われていたからである。

しかし、桑田忠親氏によって、この五人に秀吉の奉行が固定されたのは、「五大老」（徳川家康・前田利家・宇喜多秀家・上杉景勝・毛利輝元）の固定と共に、秀吉が病の床にあった慶長三年（一五九八）七月のことであったことが明らかにされ、それが現在の定説となっている。確かに、数多く残る秀吉の関白就任以降の奉行連署状を見ると、連署する奉行の顔ぶれは、後に「五奉行」となる人々以外の武将も多い。宮部継潤《けいじゅん》や大谷吉継《よしつぐ》が、奉行として連署している例があるのだ。

「五大老」・「五奉行」の職掌

このように秀吉政権の最終段階で固定化された「五大老」・「五奉行」の職掌については、一般的に家康ら大規模な大名からなる「五大老」が、豊臣政権の閣老として国政を担い、三成らの側近・吏僚層の「五奉行」が、蔵米《くらまい》の出納、伏見・大坂城における治安の維持、両城における城番勤務の通達、さらには大名統制の実務を担ったとされる。「五大老」が「五奉行」の上位にいたことは明らかで、「五大老」が国政の最高合議機関であるのに対し、「五奉行」はその執行機関という言い方も可能だろう。

次に、「五奉行」内の分掌については、一般的には『甫庵太閤記』の記事に従って、次のようなことが言われている。前田玄以が京都所司代《しょしだい》兼寺社奉行、長束正家が「知行方」・「算用」すなわち経理担当で、石田三成・浅野長政・増田長盛が政務全般にあたった。しかし、最近、伊藤真昭氏によって明らかにされたように、石田三成も文禄四年（一五九五）四月から慶長四年（一五九九）閏《うるう》三月の間、京都所司代を務めており、五人の明確な役割分担は見出せないというのが実情であろう。「五奉行」確定以前の奉行連署状を見ると、連署の奉行は二人から六人まであり、その顔ぶれは時によって変わり法則性がみられない。

秀吉没後は、「五大老」・「五奉行」を合わせた「十人之衆中《しゅうちゅう》」で何事も合議決定する体制が取られたと考えられている。

「五大老」・「五奉行」の権限

なお、最近になって阿部勝則氏により、当時は「五大老」が「五人之奉行」と表記されて、「五奉行」が「五人之年寄」と表記されていて、通説の「五大老」を「五奉行」、通説の「五奉行」を「五年寄」と呼ぶべきだという見解が示されている。この説は、研究者の間では大方の支持を得つつも、用語の混乱を避けるため、通常の記述では従来の表現を採用する場合が多い。本書も、それに従った。

さらに、阿部氏によれば「五大老」が豊臣家の軍事指揮権を握り、それは武家としての主従制的支配権を掌握していたとした。これに対して、「五奉行」は律令国家以来の国家統治の権限に由来する統治権的支配権を掌握していたと考えた。もともと、秀吉政権は秀吉＝太閤権力が主従制的支配権をにない、秀次＝関白政権が統治権的支配を担っていたという三鬼《みき》清一郎氏の見解がある。すると、「五大老」の主従制的支配権は秀吉から受け継いだものであり、「五奉行」の統治権的支配権は秀次から受けついたものと考えることができる。文禄四年（一五九五）七月の秀次失脚は、秀次が掌握していた統治権支配権を、三成ら奉行たちが手に入れることになったと理解できる。また、慶長三年（一五九八）八月の秀吉の死は、主従制的支配権が「五大老」に託されたことを意味するのである。

「取次」の存在

以上、「五大老」・「五奉行」に関する諸説は、秀吉政権の最末期に確立するものだが、さかのぼって、秀吉が天正十三年（一五八五）七月に関白となってから本格的に始動する秀吉政権は、徳川家康らの有力大名や、石田三成らの側近・吏僚が、事態や政策に応じて臨機応変に個々の問題に対処した。豊臣政権から出される法令への連署者が、その時々によって変化するというのは、そういった実情を反映したものであろう。ただし、さすがに豊臣政権の憲法というべき文禄四年（一五九五）八月に発布された「御掟《おんおきて》」・「御掟追加」は、「五奉行」の上位にあった「五大老」の連署で出された。

こういった秀吉政権の臨機応変で、明確な行政組織を持たない政治システムを特徴づけるのが、「取次」の存在である。堀新氏によれば、「取次」は秀吉側近が、主に各地の大名の後見役として大名の内政に関与し、内々の政策の指導を行うことである。大名は「取次」から太閤検地の実施方法や、織豊系城郭の建築技術など、最先端の知識を伝授された。いわば豊臣大名としての役目を果たすための「指南」を授ける制度と考えてよいだろう。三成は島津氏・佐竹氏・上杉氏など有力大名の「取次」を務めたことは、本書の中でたびたびふれることになる。逆に徳川家康は、北条氏や伊達氏の「取次」であった。

堀氏によれば、この「取次」制度を、徳川幕府はその当初において「出頭人《しゅっとうにん》」制度として取り入れた。本多正信・正純《まさずみ》親子はその典型である。この「取次」や「出頭人」の制度は、個人の器量・才覚に依存して政務を行うシステムで、徳川三代将軍の家光の時代に至って、「出頭人」の合議機関としての老中制度が確立するまで維持された。この家光の時代になると、政務の遂行は老中という役職に基づく権限で行われるようになる。すなわち、政治の動きが「個人」から「職」に転換したのである。三成が一奉行に過ぎないにも関わらず、豊臣政権の中で大きな発言力をもったのは、豊臣政権が「職」よりも「個人」を重視する考え方をもっていたからである。そもそも、整備された「職」などなかったと言うべきかもしれない。

秀吉政権の施策

したがって、秀吉政権の重要施策を推進したのは、秀吉から「個人」の力量を認められた三成ら側近・吏僚層であった。豊臣政権の重要政策としては、次のようなものを挙げることができよう。

①惣無事令《そうぶじれい》

天正十三年（一五八五）に関白となった秀吉が、諸大名に対して発した交戦停止令である。大名間の交戦を「私戦」として、秀吉の「公」の権限で禁止したもの。島津氏や北条氏に対する「征伐」は、この命令に対する違反が口実となった。

②御前帳《ごぜんちょう》徴収

御前帳は天正十九年（一五九一）に全国に提出を命じた、国・郡・村別の生産高の一覧表である。すべて石高《こくだか》で記されており、石高制を全国に展開する契機ともなったと言われる。朝鮮出兵に際して、人夫などの軍事動員数の基準値を求めるために行われたとされるが、近世日本を形づくった基本帳簿とも言える。

③太閤検地

秀吉が天正十年（一五八二）の山崎合戦直後から行った各地での検地を総体して呼ぶ。最初は報告型の指出《さしだし》検地だが、やがて奉行が出向いて実際に土地を丈量《じょうりょう》する形に変化し、また検地帳の内容も整備されていく。全国に石高制を普及させるために役立ったが、多くの出目《でめ》（それまで把握していなかった耕地と生産高）を得、年貢増収にも役立った。また、「村の武士」が経済的基盤としていた中間得分を否定し、検地帳に耕作者の名前を記載することで、その耕作権を保証するという意味も持っていた。

④刀狩令《かたながりれい》

秀吉が天正十六年（一五八八）に本格的に打ち出したもので、百姓の武器所有と使用を禁止し、その没収を命じたもの。兵農分離政策の一環であった。その目的が百姓一揆防止にあったことは事実だが、農村における用水や山野争論について、村同士で戦うことを否定した、天正十五年（一五八七）の喧嘩《けんか》停止令《ちょうじれい》の具体策としての一面も持つ。

⑤人掃令《ひとばらいれい》

文禄元年（一五九二）の朝鮮出兵を契機に行われた、一村ごとの全国戸口調査である。夫役《ぶやく》を務めることができる男子の人数を把握するために命じられたが、近世日本における初めての人口調査として注目できる。

三成らが目指したもの

これらの施策はいずれも関連しており、混乱した戦国の世を終らせ、新たな国家システムを築き上げるためのものであった。日本から「私戦」をなくし「平和」な国家をつくり（①）、農村の生産高を正確に把握し（②・③）、その農村から武力を排除しつつ（④）、生産者たる農民の人口を確保する（⑤）ことであった。これは、実はたいへんな行政改革・社会改革であった。一口で言えば、都市と農村を明確に分離し、都市は消費を行う場所、農村は生産を行う場所と規定したのである。また、都市に住む武士と、農村に住む百姓を身分的に分離した。それまでの戦国時代が農村の中に武士が生活し、その従者として農民も合戦に駆り出されていた状況を否定しようとしたのである。すなわち、紛争を「私」的な合戦で解決することを否定し、「公」的な裁判に委ねる制度を確立していくのである。太閤検地は、農村における武士たちの大土地所有を否定し、その経済基盤を絶つ意味があった。その結果、農民一人ひとりの所有地が明確に帳簿上に記載されるようになったのである。

秀吉政権による改革は、「兵農分離」という言葉に尽きると思っている。中世という社会がもっていた「兵農未分離」という状況を克服し、新たな社会秩序と、納税システムを確立することにあったのである。それには、「村の武士」を否定する必要があった。「村の武士」は従来の権益を守る傾向にあったので、秀吉政権内の抵抗勢力ではあったが、強大な軍事力を背景に、戦国の行政・社会改革は断固して行われたのである。それを主導したのは、もちろん秀吉であるが、政策を立案していったのは、三成らの側近・吏僚層であった。この社会・経済システムは、江戸時代二百七十年間を支える構造となった訳であるから、三成らの構想は非常にすぐれていたと結論づけられよう。政治的に成功した徳川家康であったが、その社会・経済システムは、他ならぬ秀吉政権の、三成をはじめとする有能な吏僚たちが築き上げたものなのである。

「上坂家文書」に残る奉行連署状

ここでは、三成の豊臣家奉行としての活躍を、坂田郡西上坂村(長浜市西上坂町)の地侍である上坂《こうざか》八右衛門正信に宛てた二通の連署状で紹介しよう。「上坂家文書」は総数百十点で、長浜市指定文化財となっている。

一通【7】は年号がない二月十五日付で、その内容から見て文禄年間(一五九二〜九六)のものであろう。前田玄以・長束正家・石田三成・増田長盛の四奉行の署名がある。ちなみに、この署名順は文書によって変化があり、そこに法則性を見出すことは困難である。俗に三成は「五奉

上坂氏の居城・上坂城跡(滋賀県長浜市西上坂町)　辻村耕司氏撮影

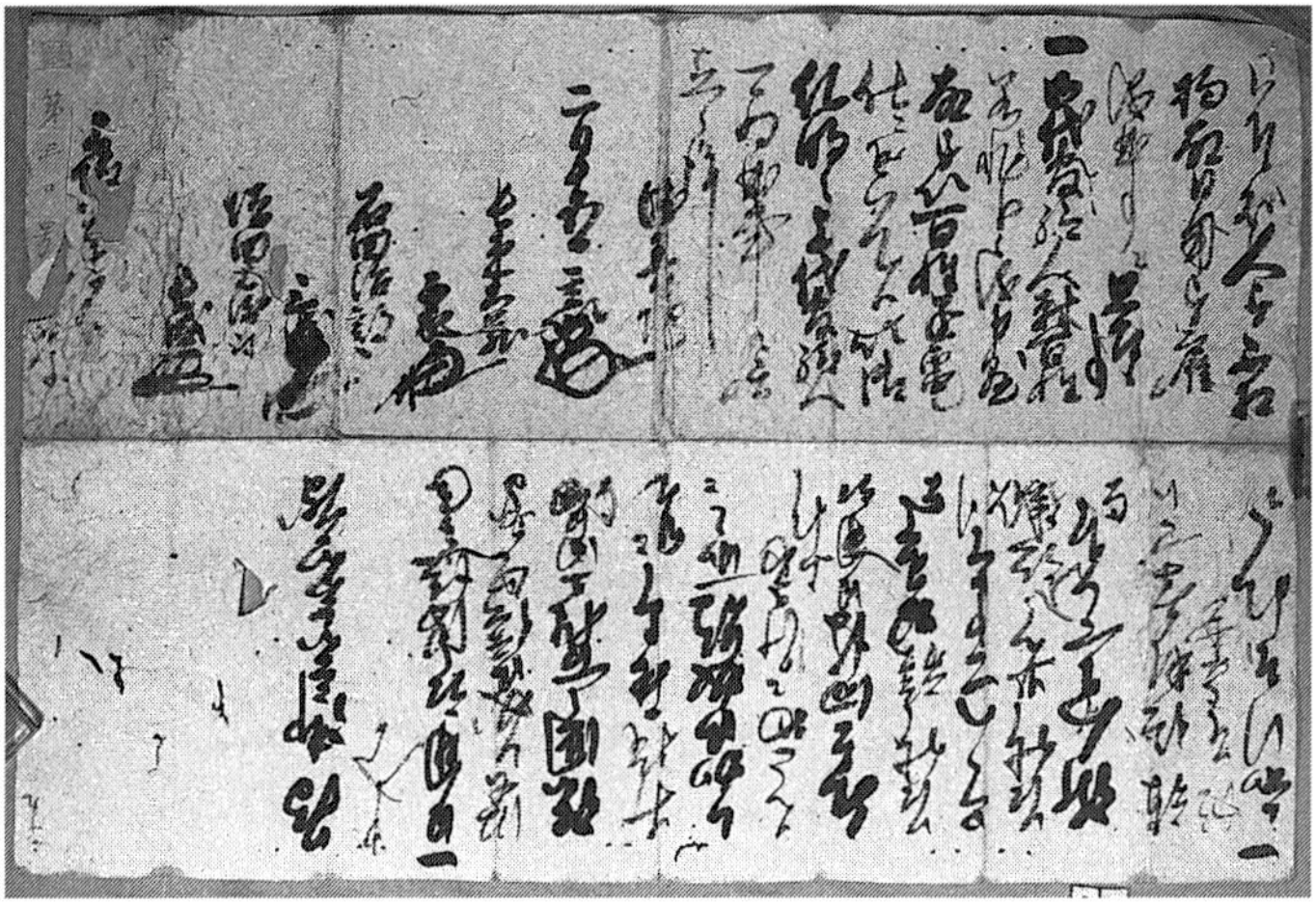

豊臣家奉行連署状　２月15日付（長浜市西上坂町自治会蔵）

行」の筆頭であったと言われるが、三成が筆頭者となることは少なく、古文書上からは事実と認められないとするのは小和田哲男氏である。宛名は上坂正信で、その居館がある西上坂村の領有はもちろん、それ以外の周辺村についても、秀吉直轄領の代官を務めていた可能性がある。したがって、本書は豊臣政権の中枢部から出された、個別領主・代官の村落支配についての指示書と考えてよい。

　内容は他郷からの移入者について、「日用《にちよう》取《どり》」を禁止するものである。前年、諸国の百姓が自分の田畑を打ち捨て、他所へ行って生活をすることを禁止したが、上坂氏を含めた秀吉家臣の中には、彼らを武家奉公人として日雇いする者があったようで、それを厳しく規制しているのである。この時代、日本各地には新たな城下町が出来上がり、その町で働く商人や職人のもとに、周辺の農村から人が多く流入する現象が起きていた。つまり、人口の都市集中である。農村に住む上坂氏のような大きな武士も、周辺の農民を奉公人として使うことがあった。これを、豊臣政権は禁止しているのである。

豊臣政権の初期については、ある程度都市への人口流入や、「村の武士」の奉公人雇いを認めていたが、その度が過ぎると農村での労働者が減り、村の荒廃を生むことになった。それを、阻止しようとするのが本書の目的である。ここでは、永続的な雇用ではなく、日雇いを禁止している所に特徴がある。また、本書の後半では、百姓が領主や代官支配に抵抗するため、村外に逃亡した場合は、事の顛末《てんまつ》を調査した上で、領主や代官の責任を問う場合があることも記されている。

もう一通の文書【8】は、四月二日付けであるが、内容から慶長五年（一五九七）のものと判断される。署名者は、前の連署状と同じだが、順番が相違し増田・長束・石田・前田の順である。宛名も同じ上坂正信である。この度、裏作の麦にも課税することになったので、対象地をよく調査し、米年貢の三分一の額を納めるようにすることが申し渡されている。石田三成は、この文書の少し後になる同年四月二十日付の掟書で、同趣旨の命令を自らの領国であった北近江各村に出していた。個別領主・代官に対して村宛より先行して、このように豊臣政権の命令を出したものと考えられる。この田麦年貢三分一徴収令は、全国的に出されたことがわかっているが、当時の農村で裏作に麦を作っていたことを、三成をはじめとする豊臣家奉行たちが認識していたことを示す。彼らがいかに農村の実情に通じていたかがわかるであろう。ちなみに、裏作の麦に課税することは、江戸時代の農村では例がないので、豊臣政権独自の方針と見ることができる。その撤回命令は、秀吉が死んだ直後である慶長三年（一五九八）八月二十二日、五奉行によって出されている。

薩摩島津氏と三成

秀吉の島津攻め

天正十五年（一五八七）、豊臣秀吉は九州の島津氏攻めを断行した。遡《さかのぼ》って天正十三年（一五八五）七月、関白に任官した秀吉は、同年十月に九州で抗争を続ける島津氏と大友氏に対して、勅命を奉じる形で停戦命令を発した。これに対し、大友義統《よしむね》は勧告を従順に受け入れたのに対し、島津義久《よしひさ》は無視し日向《ひゅうが》・豊後《ぶんご》に侵入、大友側の城を攻め落としていた。秀吉は、翌年三月には九州の「国分案《くにわけ》」を示して、事態の収拾につとめたが、島津氏からの回答はなく、秀吉の島津攻めは決定的となった。

すでに天正十四年（一五八六）の秋から、秀吉は中国の毛利勢や黒田孝高《よしたか》を九州へ派遣し、大友氏と共に島津氏へ攻撃を加えていたが、どちらかというと劣勢を強いられていた。翌年の天正十五年二月十日、島津攻めのため秀吉の弟・豊臣秀長が大和郡山をたち、三月一日には秀吉自らも大坂を出発、二十五万人にも膨れ上がった島津氏攻撃軍は、破竹の勢いで九州の敵陣を席巻《せっけん》していった。秀長の軍勢は豊後・日向を通って九州を東回りに進撃し、秀吉の軍勢は筑前・肥後を通過して西回りに進撃を続けた。秀吉は五月三日、薩摩国の川内《せんだい》（鹿児島県薩摩川内市）に至り、泰平寺に本営を設けた。秀吉軍の薩摩への侵入を受けた島津義久は、さすがに戦意を喪失し、泰平寺に至り和議を秀吉に乞う。秀吉は義久の在京などを条件に島津氏を赦免《しゃめん》している。さらに、義久に対して薩摩国を安堵し、義久の弟・義弘には大隅《おおすみ》国を与え一応の処分を終了した。

島津領内に入る三成

この島津氏攻めにおいて、三成は同氏降伏の後、鹿児島へ派遣され、義久の女《むすめ》亀寿を人質に差し出すことを言い渡している。さらに、島津氏降伏の後も大口城（鹿児島県大口市）によって抵抗を続けていた島津氏重臣・新納《にいろ》忠元について、同じ島津氏家臣・伊集院《いじゅういん》忠棟《ただむね》と説得に向かい、新納氏の抵抗を断念させている。

ところで、三成と島津氏との関係は、前年九月からすでに始まっていた。秀吉襲来の報を聞いた島津義久は、弁明のために使者を派遣するが、それと共に豊臣政権の外交責任者であった豊臣秀長の他に、三成へも書状を送っている。九月二十七日の書状で義久は、秀吉軍の九州出陣への不満を述べ、その交渉がうまくいくよう「指南」を願っている。翌年正月、島津氏最後の赦免嘆願の相手も秀長と三成であった。この嘆願で義久は秀吉と戦う意志のないことを強調する。三成は島津氏と秀吉の交渉の間に立ち、島津氏の後見的な役割をなし、秀吉への取成や内々の世話を行う「取次」としての役にあったのである。

島津氏は降伏後も豊臣政権のもと、大名領国の再編を目指していくが、そこでも豊臣政権側の「取次」「指南」者として登場するのは、石田三成であった。例えば、天正十六年六月に日向国諸県郡《もろかたぐん》の島津氏領有をめぐって義弘と甥の豊久の間で対立があった際、義弘側は事前に三成に相談をし、三成から「御気遣《ごきづかい》入ましき由」を伝えられている（『薩藩旧記雑録』）。

島津領の豊臣化

文禄三年（一五九四）七月頃から行われた島津領の検地は、三成の花押が入った一尺を測る検地尺（尚古集成館蔵）の現存が象徴するように、彼の強力な指導のもと実施された。この検地によって、もともと二十一万石の島津領から、三十六万石余と言われる「打出《うちだし》」（増加分）を検出した。さらに、この検地をもとに、家臣たちの所領替えを断行、後述するように秀吉の直轄領や三成の知行地を島津領内に設定した。まさしく、島津氏領国の豊臣領国化がなされたのであるが、島津氏にとっても強力な中央政権の力を借りて、家臣の力を抑え領国の再建をはかることに成功したと言える。

このような島津領の豊臣化を押し進めたのは、当主島津義久の弟・義弘であった。さら

石田三成検地尺（尚古集成館蔵）（右：表　左：裏）

には、それを補佐する重臣の伊集院忠棟であった。島津家当主の義久は、豊臣政権からはどちらかというと距離を置くが、これは義弘との路線対立というよりも、島津家を守っていくための手段であったかもしれない。慶長四年（一五九九）三月、島津忠恒《ただつね》（義久の子）は伊集院忠棟を殺害する。これは、明らかに三成による島津氏統制を排除する意図だった。忠棟殺害の背後には、三成と対立する徳川家康の姿があった。関ヶ原合戦において、島津家は義弘のみが出陣し、義久は兵を出していない。三成を「取次」として豊臣政権の力をもって領国再編を行った義弘。逆に、豊臣政権とは距離を置く義久。島津氏がもつ二面性は解消されないまま、関ヶ原合戦は始まったのである。

三成の検地文書

石田三成が、文禄三年（一五九四）から始まった島津領検地に際して出した十一ヶ条からなる検地実施細則写【9】が「長谷場《はせば》文書」（東京大学史料編纂所蔵）に残っている。同年七月十六日付けで、浦役・山役・川役や藪《やぶ》（竹）・鉄・漆に対する年貢を詳細に定めており、江戸時代であれば小物成《こものなり》の規定と考えてよい。茶園については年貢を取らないとし、寺社・侍屋敷、庄屋など村役人の屋敷についても、検地せず除地《じょち》とすることが表明されている。農村の事情と検地について熟知していた三成であればこそ出せた検地細則と言えよう。

なお、本書は「長谷場文書」全三巻の内の一巻に収められている。長谷場氏は、鹿児島郡坂元村（鹿児島市内）を本拠とする国人。鎌倉末期に鹿児島郡司職《ぐんじしき》を有した矢上氏から分立したと言われる。戦国末期の当主宗純は島津家に従ったが、子孫も薩摩藩士となっている。この文書が収納される二巻目は、本書の前提となる豊臣秀吉の同日付け「嶋津分国検地御掟条々」・「嶋津分国御検地斗代事」（いずれも「島津家文書」に現存）の写を収納する。検地を受ける側の長谷場氏が、秀吉・三成からの命令を筆写したものが伝存したと考えてよいであろう。

一方、島津領検地の結果、豊臣秀吉から島津氏へ与えられた領地を書き上げた、文禄四年（一五九五）六月二十九日の知行方目録が「島津家文書」に残っている。領地を与えられた人の名前のみならず、村ごとの石高も計上しているため、料紙を十枚つなぎ、長さは四メートルを超えるが、その総石高は五十七万八千七百三十三石に及んだ。島津家の領地は薩摩国（現在の鹿児島県西部）の他、大隅国（鹿児島県東部）や日向国諸県郡《もろかた》（現在の宮崎県内）にまで及んでいる。この知行宛行により与えられた島津氏領内には、秀吉蔵入地一万石（直轄領）が設定されたが、そこは三成が代官を務めたとある。さらに、三成の所領六千三百二十八石、三成と共に豊臣政権の「取次」であった細川幽斎の所領三千五石が設定された。大隅国内に設けられた三成や幽斎の所領は、島津氏折衝に当たった彼らへの恩賞であり、かつ島津氏の領国支配に対する豊臣政権のクサビの意味を持つ。また、島津氏と豊臣政権とのパイプ役となった義弘の所領高が、兄義久と同じ十万石であった事実も見逃せない。

相良氏と三成

九州肥後国南部の戦国大名・相良《さがら》氏は、中世以来、同国球磨《くま》・八代《やつしろ》・葦北《あしきた》の三郡を支配してきたが、秀吉の九州攻めに際しては島津方について転戦していた。島津氏が秀吉に従うようになると、相良頼房（長毎《ながつね》）の重臣深水《ふかみ》宗方のいち早い秀吉への接近によって、球磨一郡をなんとか安堵《あんど》された。その後、この深水一族と、頼房が登用した犬童頼兄《いんどうよりもと》との重臣間の対立が続く。特に深水一族は朝鮮出兵に従わない者が多く、頼房の出兵中に反乱を起こす有様で、ついに犬童頼兄によって排除された。この間、深水一族は頼兄の行動を私怨と断じ、石田三成に訴えているが退けられている。関ヶ原合戦では、相良頼房は西軍に従い当初は近江瀬田橋の警護に当たったが、やがて美濃大垣城に入った。しかし、関ヶ原合戦の三日後、日向高鍋（宮崎県児湯郡高鍋町）の城主秋月種長らと共に東軍に寝返り、三成方の熊谷直盛を殺害、大垣城の開城に貢献した。徳川家康からは旧領を安堵され、近世人吉藩（熊本県人吉市）の基礎を築く。

慶應義塾図書館が所蔵する重要文化財「相良家文書」千二百五十三通には、三成からの書状が十一通、三成の家臣であった安宅《あたか》秀安の書状が十二通も含まれている。薩摩島津氏と同様、肥後相良氏についても三成が「取次」として、豊臣政権とのパイプ役を果たしていたことが読み取れる。その内の一通、文禄五年（一五九六）七月二十三日付の書状【10】は、三成が相良頼房に対して、朝鮮からの講和使節の対応で多忙なので、今年予定していた相良領検地を延引する旨を告げた内容である。この他、頼房が重臣犬童頼兄を上方に派遣していたこと、頼房から「白布」二百反を送られた礼も述べられている。この三成書状とは相違し、同年閏七月十五日付け三成家臣・安宅秀安書状では、「御国御検地仰《おお》せ付けられ」と述べられており、実際は検地が行われた模様である。あまりに多忙な三成は、相良領検地について事実誤認があったのかもしれない。それはともかく、島津氏同様に肥後相良氏の所領についても、検地は三成の指導のもと行われたことを物語っている。

博多復興と筑前代官

「太閤町割り」と三成

戦国時代、中世貿易都市として栄えた博多は、幾度となく兵火にかかり荒廃していた。この博多の復興は天正十四年(一五八六)十二月と、翌十五年(一五八七)六月の二度にわたる「太閤町割り」で行われた。前者は秀吉の命を受けた黒田孝高が中心となり、中世息《おきの》浜《はま》の復興が図られた。後者では町割の改変がなされ、息浜と博多浜を統合した新たな町割りが成立した。その際、土地の丈量に使った間杖《けんじょう》(複製)が、現在も博多櫛田《くしだ》神社に残されている。三成は二度目の「太閤町割り」に大きく関与したと推定される。天正十五年四月二十三日の書状(原文書・改正原田記附録)では、石田三成・大谷吉継・安国寺恵瓊《えけい》の三人が、竜造寺《りゅうぞうじ》・原田・立花・宗像《むなかた》らの九州大名に、「博多再興」を行う豊臣政権の方針を伝え、避難先からの「町人還住」と「諸役免除」を許可している。秀吉奉行としての三成が、博多復興の陣頭指揮に立っていたことを示している。

さて、この「太閤町割り」で重要な役割を果たしたのは、嶋井宗室《しまいそうしつ》や神屋宗湛《かみやそうたん》などの博多商人であった。天正十五年六月に筥崎《はこざき》の地で行われた茶会は、三成をはじめ豊臣政権の主要メンバーが出席、博多商人らと親交を深めたが、これは博多復興が二者の協力によってなされたことの証《あかし》である。さらに、嶋井家・神屋家に残った多くの三成書状は、その後朝鮮出兵の兵站《へいたん》基地として繁栄した博多に対して、三成が絶えず影響力を保持していたことをうかがわせる。

嶋井宗室と三成

博多の商人嶋井家に伝わった文書中には、八通の三成文書が残されている。それらによれば、三成はたびたび、嶋井宗室の家を宿所として利用していたことが知られる。宗室は天正八年（一五八〇）頃から、畿内の茶会に登場し、津田宗及《そうきゅう》をはじめ堺の商人と親交を深めている。また、千利休を介して秀吉とのつながりも早い段階から見られ、海外貿易で得た茶入や大軸を秀吉に献上している。天正十五年（一五八七）六月には、島津攻めからの帰りに、秀吉が筥崎で行った茶会に何回か招かれていることは先にも触れた。三成との接触は、こういった機会になされたものであろう。八通の三成文書の中から、二通の三成書状を紹介しよう。

正月二十五日付けの書状【11】では、宗室が秀吉の命令で朝鮮（高麗）に渡ることになったので、その留守宅に秀吉軍の武将が陣を置かないようにと、秀吉の意向を三成が伝えたもの。宛所は、「博多町中御陣取衆中《おんじんとりしゅうちゅう》」となっており、朝鮮出兵のため博多駐留した秀吉軍のことと推定される。すでに、この文書が出された時は、博多には多くの軍勢がいたことになり、文禄二年（一五九三）以降に比定すべきだろう。もともと、宗室は秀吉の朝鮮出兵には反対で、対馬の宗義智《そうよしとも》と共に戦争回避を画策していたが果たせなかったという。博多が兵站基地とされた文禄・慶長の役の間、宗室の積極的な活動はうかがい知れないが、名護屋や朝鮮へ行き来する三成との関係は、より一層親密さを増したようである。

もう一通、八月二十八日付けの書状【12】は、慶長三年（一五九八）八月十八日に秀吉が死去した後の上方の情勢が平穏であることを、三成が宗室へ伝えたものである。続けて三成の代官と百姓が争った場合は、宗室が仲介に入るよう依頼している。三成は、この年小早川秀秋の越前転封により、後述するように筑前・筑後の代官を務

嶋井宗室像（福岡市博物館蔵）

めるようになったが、その代官支配に地元の商人宗室の助力を得ていたことが知られる。

直轄領代官としての下向

慶長三年（一五九八）の初め、筑前・筑後の領主・小早川秀秋が越前に転封となり、その跡地は豊臣直轄領となった。この事態に際して、浅野長吉と共に三成が、秀秋転封後の筑前・筑後直轄領代官として現地に下向したことで、三成と博多との関係はさらに緊密となる。同年十一月三日には、博多町衆は「博多津中」の名で、三成の家臣である八十島《やそじま》助左衛門尉に宛て、三成から直接命を受けることを希望し、その他の人物の介入を排除したいと嘆願している（原文書）。その代官任期は慶長三年正月から、秀秋の筑前復帰が決まる翌年正月頃までと考えられ、小早川氏の家臣である高尾又兵衛・神保源右衛門の手をかりつつ、この重要な任務に当たった。秀吉は当初、三成を秀秋の代わりに筑前・筑後の領主とすることを考えたが、要地の佐和山を任せる家臣がいないので、やむなく直轄領代官としたという経緯は、家臣の大音新介に宛てた三成書状（大阪城天守閣蔵文書）に記されている。なお、筑前十五郡の内、三成が代官であったのは、那珂《なか》・下座《げざ》・志麻《しま》三郡で、他は浅野長吉が代官であった。

三成はこの他、六月二十日には直轄領の年貢収納について九ヶ条の掟書を発令している。

また、十二月には村々に対して年貢皆済状《かいさいじょう》（請取状）を出していることも知られている。これら博多や周辺の農村は、朝鮮出兵継続のための経済的基盤と見なされていた。そして、三成は博多の商人との連絡を保ちながら、確実な年貢収納を目指し代官の任に当たっていたのである。この三成の筑前・筑後下向については、それに従った是斎重鑑《ぜさいじゅうかん》が記した『是斎重鑑覚書』という紀行文が残っている。この本によれば、三成は五月二十九日に京都をたち、六月十六日に博多に到着し国務を遂行し、七月五日には博多を離れ、同十五日には伏見に戻っている。この間訪れた御笠《みかさ》郡の太宰府天満宮では、三成が楼門を再興したと伝えられている他、七月五日には同宮に対して禁制（大宰府天満宮文書）を出している。

九州での三成の民政

三成が筑前の秀吉直轄領代官をしていたことを示す文書を、二通紹介しておこう。一通は、三成が筑前国志麻郡板持《いたもち》村（福岡県前原《まえばる》市板持）に出した年貢皆済《かいさい》状【13】（請取状）で、同村の庄屋を務めた朱雀《すざく》家に伝来した。板持村では年貢を分納し、その度に三成の下代（下代官）から、請取状をもらっていた。ここで、年貢を全額納入し終わったので、これまでの「小請取」を回収し、一枚の請取状として遣わすと記されている。年月日は慶長三年十二月二十五日、署名は三成の官途「治部少輔」の略で「治少」とあり、彼の黒印が押されている。

現在、三成の年貢皆済状の原本が残るのは本書のみであるが、那珂郡下村、下座郡白鳥村・冨永村のものが、江戸時代の地誌である『筑前国続風土記附録』に掲載されている。いずれも、文面は本書と大差ない。

もう一通は、慶長三年（一五九八）六月二十二日付けの九ヶ条の掟書【14】である。筑前国の直轄領代官として、三成は領内の村々に確実な年貢収納を行わせるために出したものだ。「朱雀文書」の原本は現在行方不明なので、東京大学史料編纂所の写をもとに内容を見ておこう。

筑前の九ヶ条掟書

三成の掟書を条を追って紹介しよう。収穫する前に代官が実見して年貢高を決めること（第一条）。百姓と代官で年貢率について見解が分かれる場合は、全体の三分の二を年貢とすべきこと（第二条）。付加税である口米《くちまい》は一石に二升とすること（第三条）。「筵払《むしろばらい》」（こぼれた米）を年貢としてはいけないこと（第四条）。年貢米の運搬は五里以内であれば、百姓が自前で運ぶべきこと（第五条）。しかし、五里以上は運搬費として飯米を与えること（第六条）。田畑に植えつけたものは、米以外についても運上を支払うべきこと（第七条）、もし隣村との争いがあっても七月十五日以前は、耕作の邪魔になるので訴えてはならないこと（第八条）。先に村を離れた者について、三成の許可なく帰住を許してはならないこと（第九条）。

以上がその内容である。これらを見ると、文禄五年（一五九六）三月一日、三成が佐和山領に出した十三ヶ条・九ヶ条掟書、さらに慶長二年（一五九七）四月二十日、佐和山領へ出した麦掟を踏襲《とうしゅう》したものとなっている（後述）。近江で行った統治方法を、九州の地にも持ち込んでいたことが知られる。ただ、第八条と第九条は、佐和山領での掟書には記載がない。筑前掟書の本文でも、七ヶ条を記した後、第八条・第九条を追加する形で記されている。特に第八条目の七月十五日以前、すなわち収穫時期前に訴訟を起こすことを許さないという条項は興味深い。訴訟は主に用水相論と見られるが、近江では村同士の紛争が激化し、年貢が十分に納められなかった例があったのだろう。その苦い経験を、三成は九州での代官支配に生かし、収穫後に訴訟を受け付けるとしているのである。

三　天下人秀吉と三成

小田原北条氏攻めと三成

小田原攻めに加わる

薩摩国の島津義久が降伏したことにより、豊臣秀吉の次の攻撃目標は、関東の雄・北条氏に向けられた。同時に、三成の活躍の地も関東へ移ることになる。秀吉は天正十七年(一五八九)十一月二十四日、北条氏を「誅伐《ちゅうばつ》」する旨を記した文書を諸大名に発し、北条氏への宣戦布告を行った。北条氏邦《うじくに》の家臣が秀吉が出した惣無事令を無視して、信濃上田城主である真田昌幸の支城・名胡桃《なぐるみ》城(群馬県利根郡みなかみ町)を奪ったからであった。

翌十八年(一五九〇)三月一日、秀吉は自らの三万二千の直属軍を率いて京都を出発した。秀吉側の軍勢は、上杉景勝・前田利家らの北陸からの支援部隊や水軍を加えると二十二万の大軍であった。それを迎える北条氏の軍勢は、百姓の大量動員を加えても、五万六千と言われていた。北条氏の劣勢は、火を見るよりも明らかであった。三月二十九日、秀吉の大軍は北条氏側の防御ラインの一画である山中城(静岡県三島市所在)を陥落させた。秀吉は四月二日に箱根湯本に入り、北条氏の本城・小田原包囲に取りかかる。

北条氏は秀吉の来襲を予測しており、小田原の城と町がすっぽり入る「総構《そうがまえ》」を構築し、その攻撃に備えていた。ここで、秀吉は決して力攻めはしなかった。得意の長期戦を決め込み、小田原城が見下ろせる石垣山に関東初めての総石垣の城を築造、小田原城中の兵糧の減少や、戦意の喪失を待った。三成も当初は、この小田原包囲軍の中にいた。小田原城は南の海中を含む四方を秀吉軍によって包囲されていたが、毛利家に伝わった「小田原陣仕寄《しより》陣取図」(山口県文書館蔵)によれば、三成は小田原城の西側に当たる石垣山城と「総構」の間に、早川《はやかわ》を前にして陣を構えていた。隣には、盟友大谷吉継の陣所があった。

現在の小田原城天守閣(神奈川県小田原市)

忍城の水攻め

ところが、三成が小田原包囲軍に加わっていたのは一ヶ月半ほどであった。秀吉が関東周辺に散らばった北条氏の支城の攻撃を命じたからである。三成は五月十六日までは、小田原にいた。同日付け、岩城《いわき》常隆宛書状（岩城文書）では、小田原早雲寺で常隆からの書状を読んだと述べているからである。その書状は、佐竹義宣と連れ立って、早急に秀吉に挨拶に来るよう、陸奥国岩城平《いわきたいら》（福島県いわき市）の城主常隆に求めたものであった。その後、五月二十七日には大谷吉継・長束正家らと上野国館林《たてばやし》城への攻撃を開始し、三十日には開城に成功している。そして、佐竹・宇都宮・多賀谷・結城《ゆうき》らの北関東の大名を加え、二万の軍勢をもって武蔵国忍城《おし》（埼玉県行田市《ぎょうだ》）を攻撃するよう三成は秀吉から指示された。

武蔵忍城は北武蔵の大名成田氏長の城であったが、沼と泥田《どろた》に囲まれた堅固な要害として知られた。城代の成田泰季《やすすえ》をはじめとする城兵の激しい抵抗にあった三成は、忍城を秀吉の備中高松城の例にならい水攻めにしようと計画したと言われる。城を水没させる堤の築造は、六月七日から始まり、同十三日には総延長二十八キロにも及ぶ堤が完成した。しかし、しばらくして大雨のため堤が決壊し、せっかくの水攻めは失敗してしまったのである。

小田原で北条氏包囲中の秀吉が、石田三成に忍城攻めの指示を与えた、六月二十日付けの豊臣秀吉朱印状【15】（埼玉県立博物館蔵文書）が残っている。そちらから送られた図面を見たこと。忍城「水責《みずぜめ》」については油断なく行うこと。浅野長吉・真田昌幸とよく相談すること。「水責」の普請ができたならば、使者を送って自分に見せるようにして欲しいこと、などが述べられている。文中、秀吉の言葉として「水責普請の事、油断なく申し付け候」とあり、忍城水攻めが秀吉の命によって行なわれていた事実を知り得る。したがって、忍城攻めにおける戦法の選択は、秀吉によってなされたものであり、三成はそれを忠実に実行する責任を負っていたと考えられる。

石田堤が語るもの

さらに、秀吉は忍城攻めに後から参陣した浅野長吉に対しても、七月三日に「水責ニ仰せ付けらるる事に候間《そうろうあいだ》、其の段申し付くべく候也」と述べており（浅野家文書）、水攻めの指示が秀吉から出ていたことを確認できる。三成は水攻め開始直後の六月十三日の書状では、「忍の城の儀、御手筋を以て、大方相済《す》むに付いて、然《しか》る所、諸勢水攻の用意候て押シ寄する儀之《これ》無く候」と記し、味方が水攻めと決めこんで戦闘に消極的なのを嘆いている（浅野家文書）。ここからも、戦略が三成の権限以外の所で決定していた事実が読み取れる。中井俊一郎氏は、水攻めの戦略決定が秀吉によって行われたと指摘し、忍城攻めは備中高松城攻めに習った、秀吉流の派手な演出ではなかったかと推測されている。

この時、忍城攻撃のために造られた堤は、「石田堤」と言われ、埼玉県行田市とその南

石田堤（埼玉県行田市堤根）

隣の旧吹上町（現在は鴻巣市）に一部伝存する。行田市部分は埼玉県の指定史跡となっており、旧吹上町部分は「石田堤史跡公園」（埼玉県鴻巣《こうのす》市袋）として最近整備された。この堤に「石田」の名が冠されていることからも、実際の築堤命令が三成から出されたことは明白である。しかし、三成の真意はより積極的な城攻めにあったと考えたい。水攻めという消極策の命は秀吉から下ったもので、主命に逆らえない三成の苦悩を、この忍城攻めに読み取るべきであろう。

忍城の開城は思いのほか時間がかかった。七月の初めには浅野長吉らが、七月六日頃からは上杉景勝・前田利家らが攻城軍に加わったが、それでも忍城は陥落しなかった。

七月十一日には北条氏政・氏照兄弟が切腹し、小田原が開城になった後も忍城は抵抗を続けた。忍城が落ちたのは、小田原開城から十日たった七月十六日であった。これだけ難航した城攻めの責は、総指揮官・三成が負うべきなのかもしれない。しかし、そこには秀吉との戦略の相違があったことを見逃すべきではない。三成が攻めた忍城の落城は、関東中世の終焉《しゅうえん》を意味した。三成は、その現場に立っていたのである。

常陸佐竹氏と三成

佐竹氏の小田原参陣

豊臣秀吉は、小田原北条氏に宣戦布告した四日後の天正十七年（一五八九）十一月二十八日、常陸国（茨城県）北部に勢力を保つ佐竹義宣《さたけよしのぶ》の重臣北義斯《きたよしつな》と東義久《ひがしよしひさ》に書状（秋田藩家蔵文書）を送り、来春北条氏を「誅伐」するので、その覚悟をするよう申し伝えた。そこでは、この文書の内容を詳しく伝える使者として、石田三成の名が登場している。

秀吉が関東に出現する以前、常陸国は太田（茨城県常陸太田市）の佐竹氏、水戸（水戸市）の江戸氏、府中（茨城県石岡市）の大掾《だいじょう》氏、結城の結城氏、下妻（茨城県下妻市）の多賀谷氏などの中小大名が割拠する状態にあった。彼らは、相模小田原を本拠として関東八ヶ国の統一を図る北条氏と、陸奥国南部を統一し南進を図ろうとする伊達政宗との間に立ち、遠交近攻策をめぐらし政治的独立を保っていた。佐竹氏と秀吉との連絡は、早くも天正十一年（一五八三）の賤ヶ岳合戦直後から始まっている。

天正十八年（一五九〇）四月、秀吉が関東へ出陣してきた頃には、常陸国の多くの大名たちは秀吉への参陣に傾いていた。三月二十五日の段階で、佐竹義宣は従兄弟にあたる下野（栃木県）の宇都宮国綱へ使者を出し、小田原参陣の同意を得ていた。五月二十四日には結城晴朝が、多賀谷重経を従えて小田原に参陣。次いで佐竹義宣も、翌日には宇都宮国綱を従えて小田原に参じ、これまで交渉に当たってきた石田三成や増田長盛らの歓迎を受けた。すでに義宣は、北条氏側の諸城が陥落して、秀吉側が優勢であることの情報を、五月二日に三成から得ていたという。

佐竹義宣らが秀吉に拝謁したのは、五月二十七日のことであるが、秀吉への多額の黄金の上納と共に、石田三成へも馬や黄金を上納している。さらには、義宣の重臣東義久も、三成へ馬や黄金を納めている。この事実は佐竹氏の小田原参陣は、豊臣政権側の三成、佐竹側の東義久の折衝の結果、実現したことを示している。三成は、島津氏の場合と同様に、豊臣政権における佐竹氏の「取次」であった。佐竹家伝来資料を蔵する「千秋《せんしゅう》文庫」には、豊臣秀吉から佐竹義宣とその父義重に宛てた朱印状が八通残されているが、その内の六通に「取次」として三成の名が見えている。

また、「千秋文庫」には三成の書状が一通のみ伝わる。天正十九年（一五九一）閏正月四日付けで、明日料理用の鶴を持参して、義宣のもと行くことを伝えた文書である。三成は前年十月に奥羽で起きた大崎・葛西《かさい》領での反乱鎮圧のため相馬《そうま》（福島県相馬市）まで下ったが、この年閏一月になって京都へ帰る。その帰途、佐竹氏の太田城へ立ち寄ったものであろう。

豊臣政権下の佐竹氏

佐竹氏は、北条氏が滅びた後の天正十八年八月一日に、常陸国及び下野国において二十一万六千七百五十八貫文を秀吉から与えられ本領安堵された。この年の末、佐竹義宣は水戸城を急襲し、城主の江戸重通《しげみち》を追放、さらに府中城(茨城県石岡市)を攻撃、平安時代以来の名門大掾氏の当主清幹《きよもと》を自害せしめた。翌年早々には常陸南部に蟠居《ばんきょ》する諸氏を太田城に招いて謀殺、額田《ぬかた》小野崎氏も追放し常陸一国の統一を果たした。この佐竹氏の常陸統一は、秀吉政権の公認のもと行われたものであった。佐竹氏側にとっては、秀吉の力を借りることで、常陸南部の諸勢力を掃討し一国を手中におさめたのである。義宣は天正十九年(一五九一)三月二十日、水戸城に入城し、領国経営の本拠を太田から水戸へ移した。

だが、豊臣政権に従った代償も多大なものがあった。それは、絶え間ない軍役である。三成を軍監として戦った天正十九年(一五九一)三月に起きた九戸《くのへ》政実の乱には、奥州へ佐竹軍二万五千人の動員が命じられた。文禄の役に際しても五千人が肥前名護屋へ赴き、その一部は海を渡って参陣した。この動員と平行して、大名やその家臣への軍役賦課、農民からの年貢・課役の収奪をより合理化するために、豊臣政権による太閤検地が行われる。

太田（舞鶴）城跡（茨城県常陸太田市）

文禄三年（一五九四）十月、秀吉は石田三成に対して、常陸・下野・奥州におよぶ佐竹領の検地を命じた。三成は佐竹義宣とその家臣を指揮しつつ、十二月にかけて佐竹氏の全領国に検地を施行した。この結果、佐竹義宣は秀吉から五十四万五千八百石余の領地を安堵され、常陸の旗頭《はたがしら》としての地位を盤石《ばんじゃく》なものとした。これと同時に、家臣たちの知行割替や、水戸城拡大と新城下町の建設に着手する。

慶長五年、関ヶ原合戦に際しての佐竹義宣の態度は、実に不鮮明なものだった。家康には敵対しない旨を表明しながらも、ひそかに石田三成に協力を約し、西軍と結ぶ会津の上杉景勝とも密約を交わしていた。戦後、慶長七年（一六〇二）七月、義宣には出羽秋田への転封が命じられる。五十四万石から二十万石への減封は、旗色を鮮明にしなかった義宣の印象が、家康の周辺ですこぶる悪かった結果であろう。豊臣政権、その「取次」である三成と共に歩んできた佐竹氏は、三成なき後、江戸幕府という新たな枠組に対応した政策運営を強いられることになる。

三成の佐竹領検地

三成が総奉行として臨んだ佐竹氏領国の検地は、文禄三年(一五九四)十月から十二月晦《みそ》日《か》まで行われた。その領域は、常陸国内にとどまらず、奥州南郷地方(福島県東白川郡・石川郡南部)や下野国の一部まで及んだ。また、常陸国内西部の結城氏の所領でも、同じ時期に総検地が行われている。この佐竹領検地は、三成と佐竹義宣らの家臣で行われた豊臣系検地と、秀吉の命を受けた徳川家康の代官大久保長安らが行った徳川系検地に二分され、それぞれで検地帳の形式が異なる。その相違点は、「十八間《けん》、廿八間」などという土地の縦横の記載が、前者にはあるが後者にはないこと。また、後者には「兵衛分新兵衛」などと、実際の耕作者の上位に、「○○分」で表記される所有者(中間所得の収取者)が記載されている(「分附《ぶんつけ》記載」という)が、前者には実際の耕作者しか記されていない点である。概して、三成が指導した豊臣系検地帳の方が整備された形態を示していると言えよう。

三成の家臣が行った検地帳が、一冊のみ現存している。「常陸国那賀郡上河内《かみがち》村検地帳」(茨城大学附属図書館蔵)である。那珂郡上河内村の庄屋鶴田家に伝来した資料である。外表紙は後補で、内表紙が当初の表紙である。帳面の最終丁は破損が激しく、後補の外表紙に貼られる形となっているが、検地奉行として「石田治部少輔奉行藤林三右衛門」の墨書と花押がみえる。藤林三右衛門は翌年九月九日に、三成から五百石の地を佐和山領内に宛《あて》行《が》われており、三成の家臣であったことがはっきりしている（『玉英堂稀覯本《きこうぼん》書目』二一一掲載文書）。

なお、石田三成の配下が作成した検地帳は、江戸時代の地誌類によると、那珂・久慈両郡に複数残存していたようである。茨城県立図書館が所蔵する松蘿館《しょうらかん》文庫に、文禄三年十一月十九日の「常陸国那珂郡石神村検地帳」の写が残り、その表紙には「石田治部少輔奉行　山田勘十郎」と記されている。

奥羽仕置と三成

奥羽仕置と秀吉

小田原北条氏を滅ぼした秀吉にとって、国内最後の征服地は陸奥国と出羽国、すなわち東北地方であった。この地へ秀吉は武力攻撃をともなわない、軍隊の進駐という九州や関東攻めとは異なる形で入ることになる。武力的「征伐」ではなく、政治的「征服」＝仕置《しおき》の形態をとった。仕置とは一口で言えば、豊臣領国化することであり、具体的には検地や刀狩、それに兵農分離などの諸政策を、豊臣大名が進駐して実施することであった。この奥羽仕置でも秀吉側近であった三成が果たした役割は大きい。ここでは、小林清治氏による最近の研究を基にして、秀吉と三成の行動を追ってみたい。

秀吉の小田原攻めで、その圧倒的な軍事力を見せつけられた北関東と東北の諸大名は、東海道を関東に向かう秀吉の前に次々と出仕、恭順の意を示した。それは、天正十八年（一五九〇）三月十日、島田宿（静岡県島田市）に参向した出羽国角館《かくのだて》（秋田県仙北市角館町）の城主戸沢盛安が皮切りであった。陸奥国堀越（青森県弘前市）の城主津軽為信、下総国結城（茨城県結城市）の城主結城晴朝がこれに続いた。出羽国米沢（山形県米沢市）を本拠とする東北最大の大名・伊達政宗は、秀吉の小田原攻めの陣中に六月六日に参向した。秀吉は、政宗が命を無視して、摺上原《すりあげはら》の戦いで会津（黒川）の蘆名《あしな》義広を攻めた罪、それに小田原遅参の責を問い、政宗が占拠した会津の地を取り上げている。

秀吉は小田原落城を受けて、七月十七日に同地を出発、七月二十六日には下野国宇都宮（栃木県宇都宮市）へ到着する。ここで、小田原不参の衆はもとより、多くの東北の大名・国人が、秀吉のもとに出仕した。また、陸奥北部の南部信直に対して陸奥北部七郡の所領を安堵した一方、陸奥国名生《みょうう》（宮城県古川市）の城主大崎義隆、同国寺池（宮城県登米《とめ》市）の城主・葛西晴信の改易が、この地で決せられている。八月九日には会津に至り、大崎・葛西両氏の所領は、秀吉家臣の木村吉清に与えられることになる。また、東北の要《かなめ》となる会津（黒川）には、伊達政宗に代えて秀吉股肱《ここう》の臣である蒲生氏郷を配置している。氏郷の配置は伊達政宗への押さえでもあるし、また新たに関東に入った徳川家康への防備でもあった。秀吉は八月十二日には会津（黒川）を発し、九月一日に京都へ凱旋している。

秀吉から三成への指示

この会津入部の翌日に当たる八月十日、秀吉は三成に七ヶ条からなる掟書【16】を与え

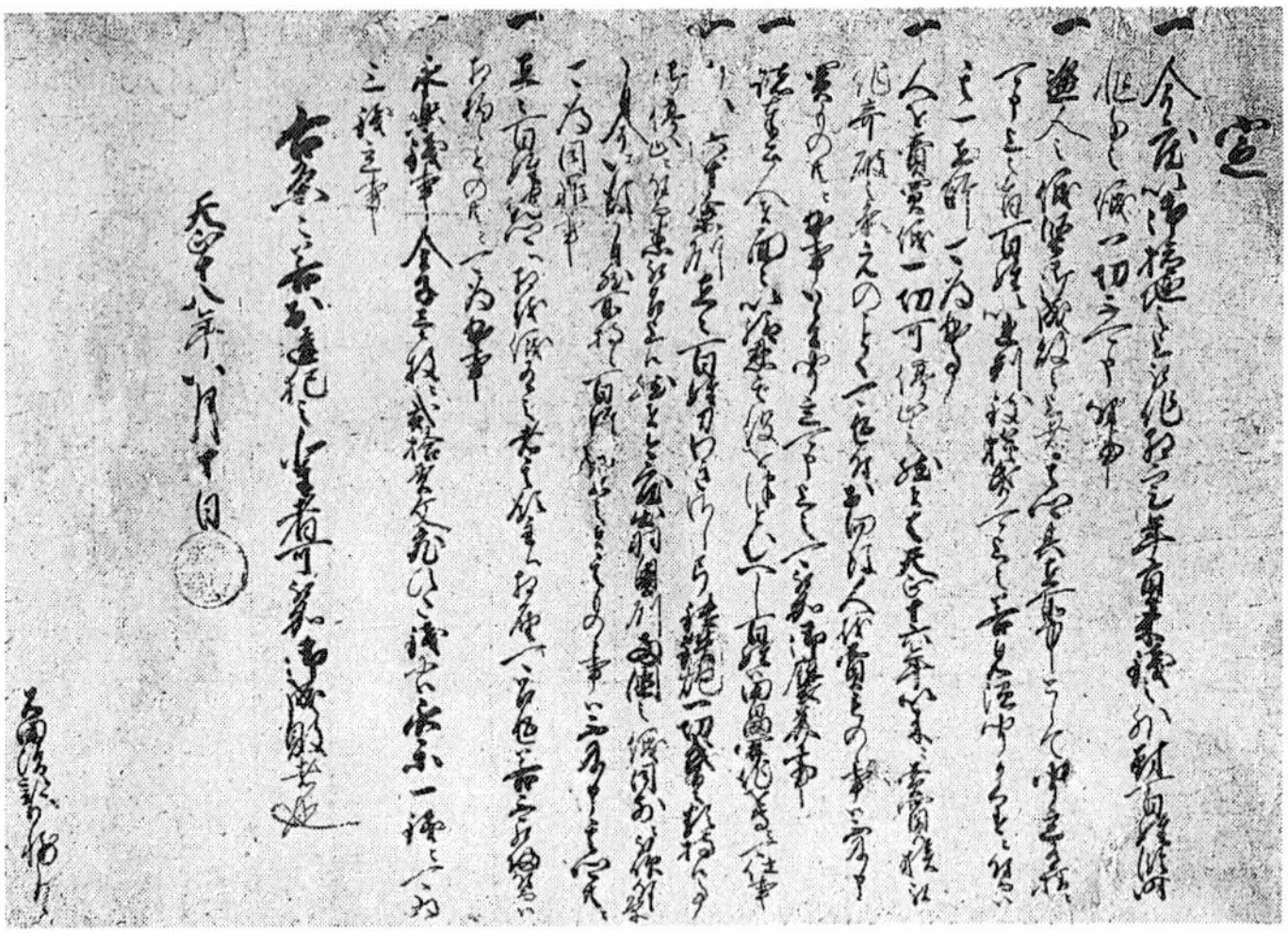

豊臣秀吉朱印状　天正18年８月10日付（個人蔵）

ている。各条を逐一意訳して紹介しよう。今度奥羽で検地を行った上は、百姓に対して臨時的で言われのない課税は行ってはならないこと（第一条）。盗人は、それを見隠し聞き隠す者も含めて厳格に処罰すること（第二条）。人身売買は厳禁し、天正十六年（一五八八）以降に行われた売買は無効とすること（第三条）。武家奉公人は主人に報い、百姓は田畑開作の仕事に励むこと（第四条）。百姓が持つ刀・脇指・弓・鑓《やり》・鉄砲を没収する刀狩令を全国に布告しているが、これを陸奥国と出羽国にも適応すること（第五条）。他郷に行った百姓は、もと居住していた郷に召し返すこと。もし、他郷の百姓を召し抱える武士があれば罪科に処すること（第六条）。永楽銭は金一枚に二十貫文の交換比率とする。鐚銭《びたせん》（粗悪な銭）は、永楽銭一銭に三銭の交換比率とすること（第七条）。

ここでは、検地・刀狩を行い、安定した農業従事者を確保するという秀吉政権の政策が、奥羽にも適応されることを述べている。三成は、その確実な遂行を秀吉から期待されていたことが知られる。彼は東北大名の豊臣大名化、東北地方の近世化を担って奥羽仕置に臨んだことになる。さらに同じ頃、秀吉禁制を申請する際の「判銭《はんせん》」（交付料）を定めた天正十八年（一五九〇）八月の文書（本法寺文書）を、三成は秀吉から受けている。禁制は新たな勢力が進駐する場合や、合戦が予想される場合、その地域の寺社や村落が「判料」を支払って、襲来する軍隊の大将から自領の安全を保証してもらう文書である。

秀吉は、村を大きさによって「上・中・下」に分け、「上」の村の「判料」を三貫二百文、「中」の村を二貫二百文、「下」の村を一貫二百文と定めた。この金額は金で支払っても、銭で支払ってもよいが、二百文については「筆切」と言って、必ず銭で支払うよう指示されている。この「筆切」は基本料金のようなものであろう。また、「取次銭」を取ってはならないとある。寺社や村落の要望を取り次ぐ秀吉家臣たちが、中間マージンを得ることを禁止したのであろう。三成らが進駐するに当たって、東北の多くの寺社や村が、秀吉禁制を求めることが予想され、軍資金を蓄える意味でも、その発行手数料を明確化したものである。

三成は小田原落城後、宇都宮から会津へと内陸へ向かった秀吉とは行動を共にせず、後述するように岩城・相馬領など海岸線に沿って北上したので、これらの指令はその途上で秀吉から得たものだろう。奥羽仕置の最高責任者であった浅野長吉と共に、三成が九万にものぼる秀吉仕置軍の中枢にいたことを、この二つの文書は物語っているのである。

奥羽仕置の経過

奥羽仕置の「仕置」とは、具体的に検地・刀狩・破城《はじょう》を行い当地の大名を豊臣化し、さらに農村支配システムも石高《こくだか》制に改め、農村の武装解除を行うことである。先述したように三成は浅野長吉と共に、陸奥諸郡の仕置を担当したが、日本海岸である出羽諸郡は三成の盟友・大谷吉継が仕置を任された。三成は陸奥国岩城平《いわきたいら》（福島県いわき市）の城主・岩城貞隆領や、陸奥国小高《おだか》（福島県南相馬市）の城主・相馬義胤《よしたね》領の仕置を行いつつ進む。八月十六日には増田長盛と共に、岩城氏の若き当主貞隆（能化丸）をよく盛り立てて、年貢収納・算用を行うべきことを、後見である白土《しらど》隆貞と岡本江雲斎宛てに伝えている（白土文書）。

さらに、三成は沿海を進み八月二十日頃、大崎氏の旧領で浅野長吉と会い、彼と共に所領没収された大崎氏・葛西氏の所領を仕置した。その後、十一月下旬までには京都に帰着している。この奥羽仕置は、一口に言えば「伊達仕置」という面を持っていた。会津や二本松を没収され、岩出山城《いわでやま》（宮城県大崎市）の城主となっていた伊達政宗を、南から蒲生氏郷、北から木村吉清と、秀吉派遣の武将が牽制《けんせい》する体制を作ったのである。さらに、三成のテコ入れで相馬氏・岩城氏が反伊達包囲網に加わった。秀吉の戦略の中では、三成が相馬・岩城両氏を「指南」して、豊臣大名化したことは大きな意味があり、これが奥羽仕置における三成最大の功績であろう。

東北での反乱

しかし、十月中旬に大崎氏と葛西氏の旧領国で、新たな領主となった木村に対する一揆が起こり、京都に帰っていた三成は、十二月半ば過ぎ再び奥羽に向かい、相馬で一揆鎮圧を指示した。同年十二月十五日の秀吉朱印状（徳富猪一郎氏蔵文書）でも相馬口に向かうよう、三成は秀吉から指示を受けている。彼が再び東北を離れるのは、翌年の天正十九年（一五九一）閏一月のことで、同十二日には岩付《いわつき》（埼玉県さいたま市岩槻区）まで至っている。

天正十九年三月、今度は陸奥北部の南部地方で九戸《くのへ》政実《まさざね》が乱を起こした。大崎氏・葛西氏の領国でも、これに同調して再び一揆が起きる。昨年の奥羽仕置により、会津黒川の城主となっていた蒲生氏郷と、秀吉によって米沢から岩出山に移された伊達政宗が、一揆追

正法寺（岩手県水沢市）　森岡榮一氏撮影

討の先鋒を命じられる。さらに、徳川家康・豊臣秀次も出陣の後、三成は浅野長吉と共に軍監を命じられて三度目の奥羽に下向した。三成の足取りは、七月末に岩城に到着、相馬を経てさらに北に向かった。九月二日に九戸城（岩手県二戸市）の九戸政実が降伏、三成は江刺郡黒石（岩手県北上市）まで至り、九月十八日には正法寺（岩手県水沢市）と永徳寺（岩手県金ヶ崎町）に禁制を出して、秩序の回復を図っている。また、気仙・大原（岩手県一関市）両城を修復して、その地の新たな領主となった伊達政宗に引き渡している。

奥羽仕置を政治的にみれば、伊達

政宗と南部信直は浅野長吉を「取次」として、秀吉政権へと接近し所領を確保した。この所領確保の背景には、徳川家康の運動があったと見られる。さらに、相馬氏、岩城氏、それに常陸の佐竹氏らは、三成を「取次」として所領安堵を確保した。彼らの三成への恩は深く、その結果は関ヶ原合戦における西軍寄りの行動に表れる。このように考えれば、三成にとっての奥羽仕置は、関ヶ原への一つの布石であった。そして、三成と秀吉の最大の目的は、東北一の大名であった伊達政宗を、秀吉と親しい大名によって包囲し封じ込めてしまうことであった。一方、経済的には検地を、社会的には刀狩を推し進め、東北を豊臣領国化することであった。その意味では、この奥羽仕置は三成・秀吉にとって、政治的にも、経済的にも、そして社会的にも成功であったと言えるだろう。

朝鮮出兵と三成

文禄の役と三成

秀吉の「唐入《からい》り」の計画は、天正十三年(一五八五)の関白任官直後から表明されている。「唐入り」とは、秀吉の明(中国)侵攻計画と、その通路たる朝鮮への軍事行動を指す。秀吉は天正十五年(一五八七)に九州を平定した後、対馬の宗氏を通じて朝鮮に対し、明侵攻の道案内をするよう求めていた。しかし、交渉は不調であった。小田原北条氏を倒し日本の戦国時代を終わらせた秀吉は、ついに文禄元年(一五九二)、明・朝鮮への出兵計画を実行に移した。文禄の役である。

初戦の日本軍は勢いがよかった。同年四月、朝鮮国内へ上陸すると、釜山《プサン》城や東莱《トンネ》城を陥落させ、朝鮮国の首都漢城《ハンソン》(現在のソウル)に向かって北上し、上陸後二十日足らずで漢城を占領した。六月には小西行長が平壌《ピョンヤン》を攻略し、明へ攻め込むための拠点を確保した。しかし、朝鮮側の反攻もすでに始まっていた。郭再祐《クアクぜウ》は民兵を募って日本軍に激しく抵抗し、その後抗日義兵は各地で決起した。また、朝鮮水軍の将李舜臣《イスンシン》は、重火器を搭載し抜群の破壊力を誇る亀甲船《コブクソン》を駆使し、脇坂安治らの日本水軍を大いに悩ませた。このような義兵の活躍や水軍の海上封鎖により、日本軍は兵站《へいたん》を確保することができない状況に追い込まれていく。

この頃、秀吉は自ら朝鮮に渡り士気を高めようとしていた。秀吉渡海の問題について、三成と家康は朝鮮出兵の国内前線基地である肥前名護屋城で大激論を戦わせた。家康は秀吉の渡海に慎重だったのに対し、三成は秀吉自身が出馬しないと士気があがらないと、これを批判したのである。結局、家康の意見が通り、その代わりに石田三成・大谷吉継・増田長盛の三奉行が朝鮮に渡り、七月十六日には漢城へ入った。到着した三成らは、兵糧《ひょうろう》不足が思いの他深刻であることを知り、朝鮮全土に展開した諸将を、八月七日に漢城に集結させ軍議を開いた。軍議の結果、平壌から兵を進め明に侵攻するのは延期した方がよいとの結論に達する。

三成らの秀吉への報告

この時期、石田三成・大谷吉継・増田長盛の朝鮮駐留の奉行三人が、名護屋に在陣する長束正家・木下吉隆・石田正澄に対して朝鮮での戦況を報告した文書【17】（佐賀県立名護屋城博物館蔵文書）が残っている。日付もなく差出人のすぐ上に宛名が記され、また全体に

「殴《なぐ》り書き」的な書体で、書状としての形式は整っておらず、おそらくメモのようにして書かれた案文《あんもん》と考えられる。さらに、中央左寄りに料紙の切れがあり、そこをわざと避けて文字を記しているので、破れ紙を使用して本書を記したことになる。この点も、本書がメモ書きであることの証明となる。

先に記したように、宇喜多秀家をはじめ黒田孝高《よしたか》・小早川隆景・小西行長・島津義弘など朝鮮に出陣していた大部分の大名と三成ら三奉行は、漢城にて軍議を開いた。日本軍は四月に釜山に上陸して以来、漢城・平壌を二ヶ月ほどで占拠し快進撃を遂げたが、この時期に至ると朝鮮国内では義兵の活動が活発化し、明の大軍来襲の風聞がある中、平壌から北へは進めず、戦線は膠着《こうちゃく》状態におちいっていた。この会議は越冬対策も含め、今後の日本軍の戦略を決定するものであった。

ここで、食料や兵器の不足を抱える諸将の意見は、戦線縮小に傾いていく。本書は、この会議を受けて、三奉行が朝鮮での戦闘継続の困難さを名護屋の本営に切々と申し送った内容となっている。小西行長が平壌まで進駐しているが、兵糧もなくこの先の寒さでは帰り道も覚つかない。さらに遼東《りょうとう》や明に攻め入っても、釜山からの兵站を保つことができない。小西・小野木隊は前線で戦闘しているが、日本軍の損害も大きく、その内に「日本人ハ無人ニ罷《まか》り成り候」と記している。全体に悲観的な戦況を述べるが、これが現実であった。また、戦線の拡大を図らず、すでに占領した地域の安定を第一とすべきとする三成らの冷静な判断が読み取れる。この後の状況は、明軍の逆襲による戦線の後退を受けて、翌年の講和へと向かっていく。

講和への道のり

この後、最前線にいた小西行長は、同年九月に明から派遣された沈惟敬《シェンウェイジン》と平壌郊外で会談し、講和交渉を開始している。小西は日本軍の先鋒に立ちながら、当初からの講和主義者で、明との交渉の機会をねらっていた。だが、講和の交渉は順調には進まなかった。翌年の文禄二年(一五九三)一月には明軍が平壌を奪回したが、続く碧蹄館《ペクチュグアン》の戦いで日本軍に大敗するなど、戦況は一進一退を繰り返した。なお、この碧蹄館での戦いと、翌月の幸州山城《ヘンジュサン》の朝鮮軍との攻防には、三成も参陣し後者では負傷している。この状況の中、講和が再開され日本軍の漢城撤退を条件に、明国から講和使節が派遣された。

三成や行長は彼ら使節を案内して、釜山から名護屋へ文禄二年五月十五日に帰陣した。秀吉は五月二十三日、明の使節と接見し名護屋城内の金の茶室でもてなした後、六月二十八日に和議七ヶ条を提示した。この文書は秀吉朱印状の形で出されたが、石田三成ら三奉行と小西行長も署名している。この事実は、一連の講和交渉において、三成が中心的な役割を果たしていたことを示している。

秀吉が提示した講和内容は、明国皇帝の皇女を日本の天皇の妃《きさき》にする他、朝鮮八道の内南部の四道を日本に割譲することなど、明・朝鮮側には受け入れ難いものであった。明使はともかくこの文書を持ち帰ったが、慶長元年（一五九六）九月一日に遣わされた明の国書では、先の七ヶ条への回答は片言もなく、秀吉を日本国王にするとの文言があるのみであった。激怒した秀吉は、朝鮮への再出兵を決意し、諸将にその準備を命じた。

慶長の役と三成

慶長二年（一五九七）一月、加藤清正が先駆けて朝鮮に渡り、小西行長がこれに続いて、第二次朝鮮侵略が開始された。いわゆる慶長の役である。同二月、秀吉は八番編成の部隊と朝鮮南部の倭城《わじょう》（日本軍が造作した城郭）守備隊十四万からなる陣立を定めた。先回の出兵は明国まで討ち入るという大きな目的があったが、今回は和議七ヶ条にあった朝鮮四道を実力で奪い取ることが主な目的であったので、全軍の士気はあがらなかった。秀吉自身も名護屋へ出陣せず、三成ら奉行衆も伏見にあって指揮をとった。その代わり、福原直高・熊谷直盛・垣見一直・太田政信・竹中重利・毛利高政・早川長政の七将を朝鮮へ派遣し、毎日の戦況を日記につけ詳細に報告させた。これら七人の内、福原・熊谷は三成の縁族、垣見・太田は三成の家臣であった。前回の出兵で三成は朝鮮に渡り、奉行として全軍を指揮したが、今回も日本にいながら、朝鮮に展開する日本軍の指揮を、目付を派遣することで行ったのである。

この再出兵では、日本軍による鼻切りがさかんに行われるなど、朝鮮側に対する残虐行為はエスカレートしていった。一方、日本軍も慶長二年暮から翌三年一月の蔚山《ウルサン》城籠城戦で、寒さと飢え、水不足による極限状態にさらされていた。毛利秀元らの援軍の到着で、なんとか明・朝鮮軍の囲みを解いたが、この合戦での衝撃は大きく、宇喜多秀家らは連署して石田三成ら奉行衆に対して、戦線の縮小を提案した。

慶長三年（一五九八）八月十八日、豊臣秀吉が死去した。徳川家康・前田利家らの年寄衆は、石田三成らの奉行衆と協議し、秀吉の死を秘して、なるべく早く日本軍を撤退させることを決した。三成は、九月初めには博多に下り、渡海部隊の引き揚げ船の手配に奔走する。釜山に集結した日本軍は、島津義弘の水軍の奮戦もあり、十二月には無事に全軍の撤退を終えた。

三成の役割

この七年間に及んだ朝鮮出兵の戦略遂行における石田三成の役割は大きい。朝鮮奉行として、彼の地での日本軍の統括を行い、重要な戦略の変更については三成へ伺いが立てられ、彼から秀吉への報告がなされた。和議交渉にも深く関わり、この一連の戦争における参謀としての役割を果たしたと考えてよいであろう。

とはいえ、文禄の役において平壌からの漢城への撤退を決断し、一方で日本と明との和議に積極的に関わるなど、主戦派の加藤清正らとは一線を画する立場にいた。日本軍の兵力や兵站・補給路の確保など冷静に分析し、唐国まで征服すると豪語した秀吉の面目を保ちながら、戦争集結への道を模索していたのが三成の姿と考えてよいであろう。

肥前名護屋での三成陣所

ところで、豊臣秀吉が朝鮮出兵への軍事拠点とした名護屋城を中心に半径三キロの区域には、参陣した全国の諸大名が陣屋を築いていた。その跡は、現在確認されているだけでも百三十ヶ所を越え、その半数以上は往時を推察できるほどの良好な状態にある。その内、名護屋城と島津義弘陣・片桐且元陣・古田織部陣・徳川家康陣・豊臣秀保陣など、二十三ヶ所が国の特別史跡に指定されている。「名護屋御陣所割写」（名古屋市秀吉清正記念館蔵）は、そういった諸大名と陣所地名を書き上げた文書である。冒頭に、「弐拾万騎ニ而高麗江《へ》／被指渡《さしわたる》、慶長三年戊之《いぬの》／霜月諸大名 并《ならびに》 諸勢／令帰陣《きじんせしむ》」・「名護屋御陣所割」

とあり、徳川家康（江戸大納言）以下、六十七名分の陣所位置を列記している。

この文書の中程に石田三成（石田治部少輔）の陣所も見え、その場所は「つゝみ」であったと記されている。これは、現在の佐賀県唐津市鎮西《ちんぜい》町野元《のもと》字清水の地に当たり、通称「野元堤」と言われる場所で、「治部少」の陣所との伝承も残っている。名護屋湾尻の南東にある標高百四メートルの山上で、削平地も残っており長大な土塁や虎口《こぐち》も確認できる。すぐ南には、「堤の原溜」という溜め池がある。ただし、文禄元年（一五九二）五月朔日《ついたち》付の平塚滝俊（佐竹義宣の家臣）の書簡によれば、三成の陣所は名護屋城がある半島先端に所在する佐竹義宣陣後方に存在したと記されており、時代により陣所の変動があったことも考えられる。

肥前名護屋城跡（佐賀県唐津市鎮西町）

四　佐和山城主　石田三成

佐和山城主時代の三成文書

嶋左近文書の発見

平成二十年四月、嶋左近《さこん》の名前が掲載された石田三成判物《はんもつ》が新たに発見された。文書の宛名の子孫で、四百年来この文書を伝えてきた所蔵者が、長浜城歴史博物館へ寄贈を申し出たことで、その存在が明らかになったのである。非常に貴重な史料なので、ここで全文を書下文《かきくだしぶん》で紹介しよう。

免相《めんあい》の事ハ、嶋左近・山田上野《こうづけ》・四岡帯刀《たてわき》両三人ニ申し付け候、
右の三人の儀勿論誓詞の上順路為《た》るべく候間《そうろうあいだ》、其の旨に
任せ相納むべく候、三人方へも右の趣申し付け候也、
八月廿三日　　三成（花押）
今井清右衛門尉殿

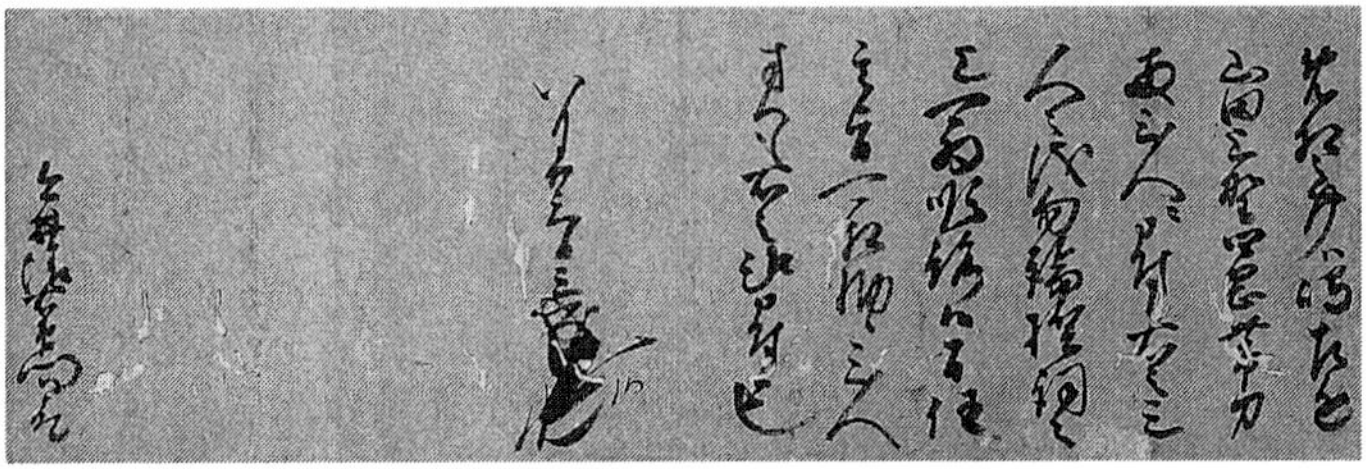

石田三成判物（長浜市長浜城歴史博物館蔵）

佐和山城（彦根市佐和山町・大沢町）主であった石田三成が、年貢収納に当たっての年貢率（免相《めんあい》）については、嶋左近・山田上野・四岡帯刀に命じたので、その指示に従って年貢収納を行うよう、伊香郡内の三成領代官を務めていたと推定される今井清右衛門尉《せいえもんのじょう》に伝えた文書である。おそらく、今井氏が代官支配を行っている領民が、その年の年貢率（生産高に対して課税する率、五十パーセント前後が普通）について、軽減を求めて運動を起こしたのであろう。今井氏はその対応に苦慮して、三成に判断をうかがった結果の裁定と見られる。三成重臣である嶋・山田・四岡ら三人の家臣は、豊臣政権の中枢で政務に忙殺され、遠隔地にいる三成に代わって、佐和山城で領国政治を代行していたと考えられる。ここでは、彼ら重臣が誓詞まで提出して、不正がないことを三成に誓ったとある。

この文書には年号がないが、三成が北近江の所領を得た文禄四年（一五九五）七月以降の文書であることは間違いない。日付は八月二十三日であるが、文禄四年では早いので、おそらく文禄五年＝慶長元年以降のもの。三成が佐和山城に引退するのが、慶長四年（一五九九）閏三月だから、それまでの文書と考えられる。すなわち、慶長元年～同三年の八月二十三日に出されたものであろう。石田三成が佐和山城主として出した文書は、後述する文禄五年（一五九六）の十三ヶ条と九ヶ条の掟書や、慶長二年（一五九七）の麦掟を除き、現物が残るものは十通前後しかない。いずれも領内の寺社や家臣に宛てた文書であるが、本書により新たに三成文書が一通追加されたことになり、それ自体が非常に貴重な発見であったと言える。

嶋左近が載る古文書

それにも増して本書が貴重なのは、三成自身が出した文書に嶋左近の名前が登場することにある。嶋左近については、「治部少輔（三成）に過ぎたるものが二つあり、島の左近と佐和山の城」の俗謡でも知られ、また三成が自らの禄の半分を分け与えて雇ったという逸話が語るように、三成の重臣としての姿は余りにも有名である。さらに、関ヶ原合戦の前《ぜん》哨《しょう》戦《せん》である杭《くい》瀬《せ》川《がわ》合戦では、徳川方の中村一栄《かずひで》・有馬豊氏《とようじ》を撃破し、翌日の本戦での戦いぶりは、徳川方をして「誠に身の毛も立ちて汗の出るなり」と恐れさせたことが、『常《じょう》山《ざん》紀《き》談《だん》』に記されている。しかし、三成が出した確実な史料に、その名はまったく見えず、謎の武将とされていた。

唯一、嶋左近の名前が三成文書に登場するものとして、天正十八年（一五九〇）五月二十五日付けで、佐竹義宣の重臣、東義久宛ての文書がある。義宣の秀吉謁見に際しての心構えを述べたものだが、その使者として左近が登場する（秋田藩家蔵文書）。しかし、この文書は、原本ではなく写であった。本書の存在によって左近が三成の重臣であったことが原本文書で確認でき、日本の戦国史全体を考えても、貴重な発見であったと言えるだろう。

嶋左近について、これまでわかっていた略歴を示せば、天文九年（一五四〇）の生まれ。名を「清興」と言い、もと大和国の戦国大名筒井順慶の家臣であった。筒井順慶の没後、同家を去った後は蒲生氏郷にも仕えた模様だが、最終的に三成の家臣となる。その時期は、天正十九年（一五九一）前後と考えられている。朝鮮出兵にも三成に従っており、関ヶ原合戦の活躍は先述した通りである。関ヶ原合戦では奮戦かなわず、黒田長政隊からの鉄砲により被弾し、討ち死にしたと言われる。六十一歳であった。墓地は奈良市川上町の三笠霊苑内、それに京都市上京区の立本寺《りゅうほんじ》塔頭《たっちゅう》教法院墓地に存在する。なお、滋賀県伊香郡余呉町奥川並《おくこうなみ》には、関ヶ原合戦後も嶋左近は生き延び、洞窟に隠れた後、しばらく同村に潜伏していたという伝承がある（余呉町教育委員会『余呉の民話』）。

『多聞院日記』に見える左近

今回の三成文書が発見される以前、嶋左近の名が見える確実な史料としては、奈良興福寺の僧・英俊の日記『多聞院《たもんいん》日記』があった。左近の内室が、英俊と親しくしていた北庵という僧の娘であったことから、左近の動向が時々記述されている。天正十八年（一五九〇）五月十七日条には、北庵が伊勢国松坂にいた娘を、明日訪ねる予定とする記事がある。この時、左近は松坂城主・蒲生氏郷に仕えていたと考えられており、小田原攻めのため松坂を留守にしていた。その出陣の見舞いに、北庵は娘のもとに赴いたようである。天正二十年（一五九二）十月十四日条では、北庵から「嶋左近清興」が朝鮮出兵から無事戻れるよう祈願したいのとの申し入れを受けた話が出てくる。この時は、すでに左近は三成家臣となっており、三成に従って出陣していた訳だが、左近の実名が「清興」と確認できる貴重な記事である。さらに、文禄二年（一五九三）六月二十三日条には、嶋左近内室が北庵の病気見舞のため奈良を訪れ、七月十二日には佐和山に帰ったとの記事がある。また、同年閏九月九日には、左近が朝鮮から無事帰国した旨が記されている。

『多聞院日記』の他、左近に関連する確実な史料は、筒井氏家臣時代の天正五年（一五七七）四月二十二日に、左近が奈良春日《かすが》大社に寄進した燈籠が本殿南門右に現存する。そこには、年月日と共に「嶋左近丞清興」と刻まれている。このように、これまでも嶋左近清興の実在は確認されていたのだが、今回の文書の発見は、三成が出した現物文書に左近の名前があることにポイントがある。城主不在の佐和山において、その留守を預かる重臣の一人であったことが、確実な史料で確認できたのが重要なのである。

山田上野と四岡帯刀

この文書において、嶋左近のみでなくもう二人、三成重臣の存在が確認された。山田上野と四岡帯刀《たてわき》である。山田上野は佐和山落城の際に、大手口を守って奮戦したことで知られ、本丸で自刃している。その子息隼人《はやと》は佐和山から脱出し、「大坂の陣」では大坂方として木村重成と共に戦い討ち死にしている。その顛末を記した『佐和山落城記』は、元和二年（一六一六）五月に、上野の孫に当たる山田喜庵が記した記録である。彼の活躍は、このような編纂物には見えるものの、三成文書にその名が登場したのは初めてだった。

もう一人の佐和山留守居として名が上がるのが、四岡帯刀である。慶長二年（一五九七）四月二十日の伊香郡落川村宛て三成麦掟（滝川文書）に、使者（文書を伝達する重臣）として登場する「日岡帯刀」は、この四岡帯刀と同一人物と考えられる。つまり、三成麦掟（滝川文書）を引用する『滋賀県史』は「四岡」を「日岡」と読み間違いしていることが判明した。

この麦掟は浅井郡上八木村《かみやぎ》（長浜市上八木町）宛のもの【18】が唯一現物で残るが、上八木のものは使者が安宅《あたか》三河守秀安である。安宅は三成の意を受けて、九州の島津氏や相良氏と折衝を重ねた重臣として知られる人物である。本書は田に植えた裏作麦について、その三分一を年貢として上納するように定めたもので、本来畑である所や、屋敷周りの畑にまいた麦については、年貢対象外とすることを定めている。三成の黒印や朱印も押されており、三成がいかに当時の農村事情に通じていたかがうかがい知られる掟書である。

国友鉄砲と三成

近江国坂田郡国友村（長浜市国友町）は、堺と共に日本を代表する鉄砲（火縄銃）生産地として知られるが、そこでの鉄砲生産は浅井長政の統治時代に始まったものと考えられる。長政に代わって北近江を統治した秀吉も、国友鉄砲鍛冶《かじ》を保護したが、さらに石田三成もその領国内となった国友鉄砲鍛冶を重視していたことが、慶長五年（一六〇〇）七月十八日の三成文書でわかる（国友助太夫家文書）。この文書で三成は、国友の鉄砲生産について、新たな生産体制を組むことは不要で、天正三年（一五七五）に秀吉が長浜城主であった時に定めた法度《はっと》に従って生産するように述べている。

本書が出された慶長五年七月十八日は、西軍から家康への宣戦布告状とも言える「内府ちかひ《(違)》の条々」が長束正家・増田長盛・前田玄以によって出された翌日である。原文書で「新儀ニふきかい立候儀」と表現される新体制での生産とは、おそらく徳川方に鉄砲を提供することであろう。秀吉による法度は、自らに優先的に鉄砲納入することを求めたものと推定される。三成は秀吉と同じように、西軍への優先的な鉄砲提供を求めたと解してよ

鉄砲の里・国友（滋賀県長浜市国友町）

いだろう。国友には関ヶ原合戦を前にして、大砲十五挺を家康方に納品しようとしたが、三成の軍隊に阻止されそうになり、葵紋入の荷印五十本をかざしながら、これを撃退したという逸話（「御紋付御荷印由来書」『鍛冶記録　国友文書』）が存在する。しかし、この記述は後に徳川幕府の御用鍛冶となることを見越して書かれており、内容的にはまったく信用できない。三成領国下にあった国友鉄砲鍛冶は、関ヶ原合戦までは三成の命に従って鉄砲の生産を行っていたと考えるべきであろう。

なお、この文書は宛名が故意に切断されている。おそらく、秀吉文書の宛名になっている国友藤二郎の名前が入っていたと推定されるが、江戸時代に三成と国友村の特定人物が密接な関係にあったことを隠すため、故意に宛名を切り取ったと推定される。本書が伝来する「国友助太夫家文書」には、もう一通三成文書が伝存する。こちらは、文禄五年(一五九六)三月二十三日に、国友村内において百石の知行を与えた宛行状《あてがいじょう》だが、それも宛名が故意に切り取られている。江戸時代に三成との関係が明らかになることは、実際に罪に問われる恐れがあったことを、この二通の文書は物語っている。

佐和山城の普請

もう一つ、三成家臣の須藤通光が出した文書【19】(下郷共済会蔵文書)を紹介しておこう。二月十六日付けのこの書状は、長浜町宿老に宛てたものである。今度、佐和山城の普請を、その領国である北近江四郡(南から犬上・坂田・浅井・伊香の各郡)の百姓に申し付けたので、長浜の町民についても短期間でよいから手伝いに来るよう求めている。そして、普請について具体的に相談したいので、町の宿老二、三人が佐和山に登城するよう伝える。

この人夫調達については、ちょっとしたトラブルがあったことが、その追而書《おってがき》に見える。長浜町は秀吉の城主時代から、諸役免除の特権を得ていたので、三成の人夫徴用を不当だと考えた町民らが、伏見の秀吉に訴えたのである。これを聞いた三成は、秀吉に直訴され面目を失ったと立腹してしまった。文書では「治部少もちと腹立」と表現している。この後の顛末はわからない。この文書が出された時期は中井均氏が述べるように、文禄四年（一五九五）七月に北近江全域が三成領となった直後と考えるのが妥当であろう。とすれば、文禄五年（一五九六）二月十六日の書状となる。後に述べる壮大な佐和山城の「惣構《そうがまえ》（外堀の内側）」は、北近江の民衆の助力によって完成したのであった。

三成が佐和山領に出した村掟

三成掟書の評価

古文書学の権威として知られる歴史学者中村直勝《なおかつ》氏は、昭和十六年に書いた「石田三成の民政」という論文（著作集・第二巻所収）で、伊香郡内に、三成が下した掟書が大切に保存されている点に注目している。この掟書とは、以下に紹介する文禄五年（一五九六）三月一日付けの十三ヶ条と九ヶ条の文書であるが、これを検討した結果、中村氏は「戦国時代にここまでの細かい注意─殊《こと》に土地よりの収穫についての細心の心遣いをして居る諸侯は、そうざらにあったとは言えまい」と、三成の民政を絶賛する。他の武将にはない三成の民政面での「きめ細かさ」を正当に評価した文章として注目すべきものである。

他に歴史学者今井林太郎氏も、当時の諸大名で自己の所領内に、これほどまでに綿密な規定を出している人物はいないと述べ、その封建領主としてのすぐれた手腕を高く評価している（同著『石田三成』）。以上の先学の記述からもわかるように、三成の領主としての有能さは、この掟書に凝縮して表れていると言える。ここでは、その掟書を詳しくみることで、佐和山城主として領国の支配を行った三成が、どんな民政を行おうとしたかを考えてみよう。

なお、後述するように、三成がこの掟書が出された北近江四郡を統治できるようになるのは、文禄四年七月からと考えられる。したがって、翌年三月に出されたこの文書は、佐和山領統治に当たって、領主・三成が決意表明を行ったものと考えることができるであろう。

掟書の概要

中村氏が評価した掟書は、佐和山城主であった三成が、その管轄領域である近江北四郡に出したもので、十三ヶ条と九ヶ条のものがある。前者が三成の直接支配する蔵入地に出されたものなのに対し、後者は「給人」―すなわち三成家臣の所領に出されたものである。一般に石田三成の文書は、徳川時代になると家康への敵対者の遺物として嫌われ、多くが破棄されたという伝承がある。にもかかわらず、この掟書はかなりの数が湖北四郡に残っている。現在わかる範囲では、十三ヶ条が十二点、九ヶ条が十点の計二十二点の存在が確認できる。

掟書の出された年月日は、いずれも文禄五年（一五九六）三月一日。文書の大きさは縦が三十センチ弱で、横は紙を五枚程貼り継いで二メートル強の細長いものとなっている。最

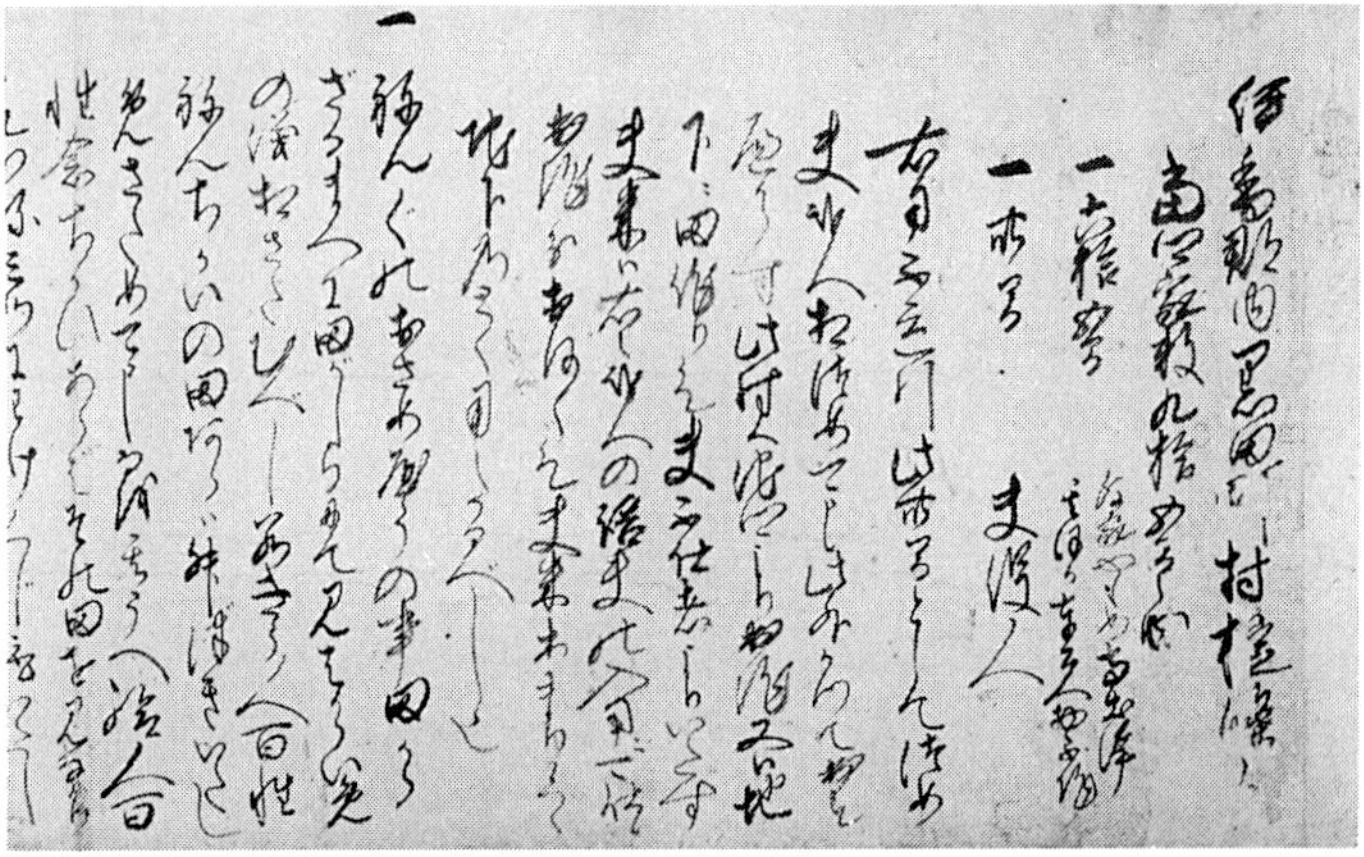

初に、例えば「伊香郡内黒田町村掟条々」と村名を記し、巻末には「治部少（輔）」という三成の官途と花押を記す。文字は、百姓へも理解できるようにとの配慮であろう、かな文字の比率が多い漢字・かな交じり文である。十三ヶ条のものと九ヶ条のものを比較すると、前者は後者の一ヶ条分を二ヶ条に分けたりしているので、条数の相違はあるが内容に大差ない。ここでは、第一条から逐条説明することは避けて、九ヶ条掟書【20】をベースに、記載された内容を関連する条文ごとにまとめて紹介しておこう。

掟書の内容

冒頭では、その村の軒数を書き上げ、後家・寺など人夫役を負担できない家を除き、村が差し出すべき人夫数を確定している。例えば、浅井郡落村《おち》（長浜市大路町）の場合、総戸数百八軒の内、夫役対象

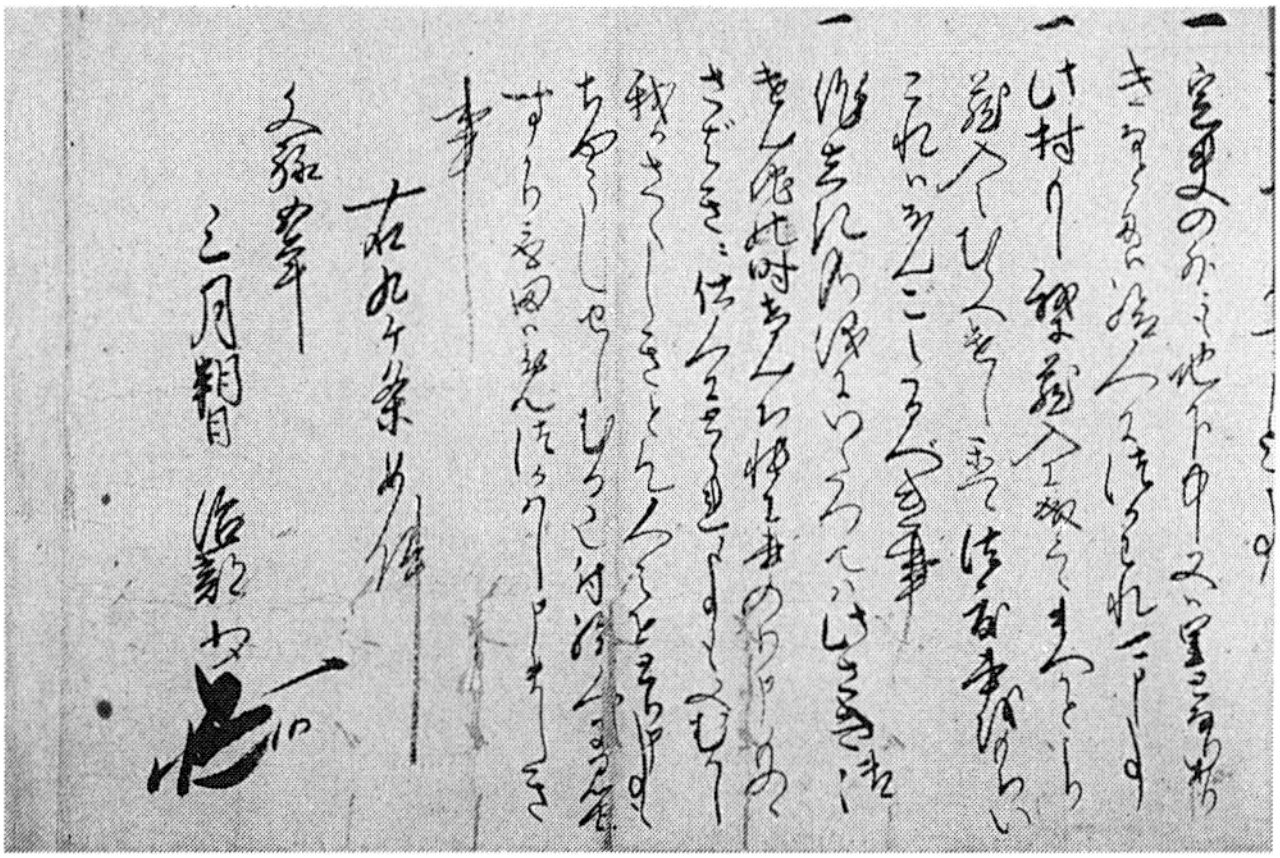
石田三成九ヶ条黒田町村掟書（木之本町黒田区蔵）

戸を七十軒と確定、それを基準に詰《つめ》人夫十五人の差し出しを命じている。十三ヶ条の方では千石につき一人と、石高に応じた人夫差し出しを規定している。人夫に関する規定は、この他の条文にも見える。第二条では、百姓が必要以上に夫役を出したり、「給人」が無理に人夫を徴用することを禁止している。第三条でも、出作・入作にともなう夫米の高について規定している。

さらに、第五条では、村の百姓の内、武家奉公人などとなって町へ出たり、他の村へ行った者について、帰住するように命じている。これは、村の住人が町や他村へ行き、夫役を負担する家が少なくなることを防ぐための処置であった。第七条では、村内や隣村への触《ふれ》人夫（伝達役）などは、定められた人夫規定数以上となっても対応すべきことが記されている。

一方、第一条には、年貢高の決定に関する細かい規定がある。百姓と「給人」との間で年貢高につき折り合いがつかない場合は、三分の二を年貢として、残りを百姓の取り分とすること。口米《くちまい》(付加税)は一石に二升とすべきこと。枡《ます》は今回三成が提供したものを使用すべきことなどが記されている。十三ヶ条の掟書では、この一条分の内容が第六条・第十二条・第十三条と三ヶ条に分けて記されている。江戸時代の湖北の村では、「治部少枡」が使われていたことを示す文書(長浜市長浜城歴史博物館蔵文書)が残り、三成が制定した枡の名が残っていたことが知られる。第四条では自村への入作、他村への出作、ともに耕地を勝手に放棄することを禁止している。第六条では、三成への直訴を許し、百姓保護の姿勢を明確にしている。これら第一・四・六条では、百姓の耕作者としての権利を認め、彼らを年貢負担者として確定し、確実に年貢を収取するシステムを構築しようとする意図が読み取れる。

第八条には、この九ヶ条掟書を出した「給人」領の村が、もし三成の直轄領となったら、三成蔵入の村に出した十三ヶ条の掟書を適用すると記されている。当然、十三ヶ条掟書には、その反対のことが記されている。最後の第九条では、検地帳に載せられた耕作者の権利を第一とすべきことが記されている。

「人掃令」の影響

この三成の掟書は、前掲の中村氏や今井氏が言うように、豊臣政権の時代、各武将が領内に出した掟書としては、まれにみる長文であり、それだけ内容も豊富である。いかに三成が民政を熟知していたかを示してあまりある。しかし、掟書の内容は、この時三成によって、突然考案されたものではない。天正十三年（一五八五）の秀吉の関白就任以来、徐々に固まっていった豊臣政権が、さまざまな過程で出した法令を、この三成掟書が踏襲していることも事実なのである。逆に言えば、三成掟書は豊臣政権が出してきた民政関係の法令の集大成とも言える。そのことを、少し具体的に述べよう。

村の戸数把握と村人の移動を禁止する三成掟書の条文は、豊臣政権が天正二十年（一五九二）三月に発令した「人掃令《ひとばらいれい》」を継承したものである。この「人掃令」は、朝鮮出兵のための人夫確保を目的としたもので、村にいる武家奉公人が町へ出ることや、百姓が他村へ移ることを禁止するなど、村の夫役負担者の移動を防ぐことを第一の目標としている。さらには、中国地方の毛利領では、同時に各戸ごと家族構成や家長の職業を記した帳簿が、村共同体の手で作成されたという。

この法令が、豊臣政権の「国民」掌握のための政策的な戸口調査であったのか、それとも朝鮮出兵に対応する臨時的措置にすぎなかったかは、議論が分かれるところである。しかし、三成の掟書に夫役の人数規定とその徴用に関する条文があるのは、明らかにこの「人掃令」の影響を受けている。湖北の村々から、継続中であった朝鮮出兵の戦闘補助員を出すことが、この掟書の裏で想定されていたことは間違いない。

年貢収納法の規定

また、年貢収納法に関する三成掟書の規定は、豊臣政権がその農民の支配原則を初めて集成したと言われる天正十四年（一五八六）正月十四日付けの十一ヶ条「定《さだめ》」の条文と重なる部分が多い。この「定」は、武家奉公人の届けなき主人替えを禁止する他、取れ高の三分の二を年貢にすべきことや、枡の指定、それに口米の量に関する規定を含んでいる。

一方、浅井郡津里《つのさと》（東浅井郡湖北町津里）の光照寺に残る、天正十年代（一五八二〜九一）中頃に伊香郡富永庄百姓宛てに出された豊臣家奉行人連署状では、枡の指定と口米の量が定められており、三成掟書の条文との類似が認められる。そこに署名した二人の奉行人は、増田《ました》長盛とほかならぬ石田三成本人であった。

三成掟書で表明された検地帳に載る耕作者の権利保護は、太閤検地の基本原則であった。これは、秀吉が長浜入城の際に触れ出したという天正二年（一五七四）の定書（雨森文書）にすでに萌芽がみえ、耕作者を年貢納入者として認定し、地侍や「おとな百姓」が加地子《かじし》をとる、中世の重層的かつ複雑な土地権利関係を否定する政策であった。他の条文に書かれた年貢収納法の細目と合わせることで、三成はこの掟書で、耕地一筆一筆の年貢負担者を確定し、その年貢を村の責任で確実に納入させるという、豊臣政権の従来からの基本政策を、実務レベルで規定したことになる。

豊臣政権の施策を作った三成

このように考えると三成掟書は、豊臣政権が過去に出した法令をまとめ直したのみで、何ら新鮮味がないように感じられる。しかし、これは錯覚にほかならない。三成は豊臣政権の奉行として、新たな農村支配システムや税体系を構築するための実務を担っていた。太閤検地による石高制の確立や「人掃令」による戸口調査、これらの発案と実効は三成自身が陣頭指揮して実現されたのである。そう考えれば、三成が自らの領内に出した掟書が、豊臣政権の過去法令の焼き直しであるのは、至極当然と言える。自らが作成してきた法令を、領内にまとめて出し直したことになるからである。

他方、よく条文を読むと、三成掟書が単に豊臣政権法令の焼き直しでないことにも気がつく。第一条の末尾には、百姓は五里の内であれば年貢を自前で運び、それ以上二、三里については「給人」から飯米を受け取り運ぶことが定められている。この規定は、これ以降の法令には見られるものの、先行する法令にはない条文である。また、出入作に関する規定が詳細なのも三成掟書の特徴である。第三条の後半で、入作者からの夫米が多くてあまれば、村の入用に使ってもよいとあり、村の事情を知り尽くした三成ならではの規定と言えよう。

三成が村の実情を把握した上で、新たな税体系の構築を模索していたことは、同じく佐和山領内に出した、慶長二年（一五九七）四月二十日の麦掟でも知ることができる。田に植えた裏作麦の三分の一を年貢として納めることを定めたもので、屋敷内の麦には課税しないなど、ここでも三成が当時の村の事情に精通していた様がうかがわれる。また、文禄三年（一五九四）七月十六日に、九州薩摩の島津領に出した検地掟書は、十一ヶ条にわたるが、江戸時代の小物成に当たる浦や山への課税について詳細に規定している。さらに、慶長三年（一五九八）六月二十二日に、筑前国の直轄領に出した三成の九ヶ条の条々も、この佐和山領への掟書を踏襲していることは先に触れた。

ともかく、三成の佐和山領内への掟書は、三成の政策自体が豊臣政権の政策であったことを、逆に示すものである。さらに、この政策は徳川政権にも継承され、日本近世の租税システムの基本を形成していく。三成が、俗に言う善政を領内に布《し》いたかどうかについて、残された掟書は必ずしも明確には語らない。しかし、三成は戦国時代に混乱状態にあった租税体系を刷新《さっしん》し、「民」が取る分と「公」が取る分を明確に分け、後者の収納に客観的なルールを与えた。民に取っての権利と義務を制度化し、新たな近世日本の国家像を造り上げた。その意味では、「民」にとっても紛れもない善政であったと言えよう。これこそが、戦国の「構造改革」だったのである。

佐和山城の城と城下町

佐和山城の歴史

佐和山城は、戦国時代に京極氏・浅井氏領国と六角氏領国の境界にあり、「境目《さかいめ》の城」として機能した。応仁の乱以降、京極・浅井氏、それに六角氏が三つ巴で合戦を展開するが、本城は三氏の攻防の対象となり、たえず城主や城代が入れ替わった。その中で、城の東で中世東山道沿いにあった百々《どど》村の地侍、百々三河守や百々内蔵介《くらのすけ》の名が城主・城代として見えるのは興味深い。永禄四年(一五六一)三月以降は、浅井氏重臣である磯野員昌《かずまさ》が城主となり、六角氏との戦いの最前線として活用した。元亀元年(一五七〇)六月に起きた姉川合戦後、磯野員昌は坂田郡南部の天野川《あまのがわ》流域の地侍を引き連れて籠城し、信長との戦いに臨んだが翌年二月に無血開城している。

磯野退城後は、信長家臣の丹羽《にわ》長秀が城主として入城する。また、天正四年(一五七六)に安土城が完成する以前は、岐阜と京都間の中継基地として、信長が自らの居城のように使用したことが『信長公記《しんちょうこうき》』に見える。天正十年(一五八二)六月、信長が倒れた後の清《きよ》洲《す》会議の結果、秀吉家臣であった堀秀政が城主として入り、北近江をその領国とした。佐和山城は戦国当初から「境目」を防衛する軍事的要素が濃い城郭であったが、この堀時代から周辺の領国を支配する大名の居城として、居館的要素を加えていく。天正十三年（一五八五）閏八月には堀尾吉晴が入城する。同時に、近江八幡城主となった豊臣秀次は、側に置いた宿老筆頭の田中吉政を中心に、長浜城に山内一豊《やまうちかつとよ》、水口城に中村一氏《かずうじ》を入れ、近江国内に宿老を配置する形で近江支配を行った。佐和城の堀尾吉晴もその一人で、天正十八年（一五九〇）九月頃まで城主であった。

三成と佐和山城

その後、しばらくおいて城主となったのが石田三成であった。三成の佐和山入城時期については、これまで天正十八年（一五九〇）七月説と、文禄四年（一五九五）七月説の二つがあったが、伊藤真昭氏の最近の研究により、天正十九年（一五九一）四月であることが確定された。ただ、天正十九年段階の三成は、周辺の豊臣家蔵入地代官として佐和山城を預かったのみで、いわば城代であったとする。文禄四年七月に豊臣秀次が失脚すると、三成は北近江四郡をその領国とすることになり、城周りの領地付き大名として、初めて正式に城主となったと考える。この時点から、佐和山城主として三成は本格的な領国経営を展開する

佐和山城本丸跡（滋賀県彦根市佐和山町・古沢町）

が、その期間はわずか五年に満たないものであった。

慶長五年（一六〇〇）九月、関ヶ原合戦で石田三成が敗れると、父・正継や兄・正澄が守備した城は、徳川家康方の井伊直政・小早川秀秋・田中吉政らの猛攻を受け、九月十七日に落城する。その後、三成の旧領と城は徳川家康の重臣で、関ヶ原合戦で功があった井伊直政に与えられ、十月には直政が十八万石で入城している。直政は慶長八年に佐和山城で没するが、新たな当主となった直継・直孝は、同年には彦根築城を開始し、その完成と共に佐和山城は廃城となっている。

佐和山城を復元する資料

かつての佐和山城の構造を知ろうとする場合、まず江戸時代に書かれた古絵図がある。佐和山城の古絵図は現在四枚知られており、その内三枚は彦根城博物館の井伊家伝来資料の中に伝存する。これらは、谷口徹氏によってA図（「沢山古城之絵図」）・B図・C図（B・C図は表題がない）と名づけられたが、縦・横の法量や絵画表現に相違はあるものの、記された内容には大きな違いは存在しない。いずれも、江戸時代の成立と見られるが、B図にのみ文政十一年（一八二八）七月に写された旨の墨書がある。もう一枚は、彦根市立図書館蔵「佐和山古城之図」であるが、これは昭和十六年八月十六日の写で、B図と墨書の内容や描き方が酷似していることが、谷口氏によって明らかにされている。これら、四枚の絵図をまとめて、以後は「古絵図」と記す。

また、復元に際しては文献資料も参考となる。それは、『古城御山往昔咄《おうせきばなし》聞書』（以下、「聞書」と記す）に代表される、江戸時代に編まれた佐和山城についての聞書集である。ここでは、海津栄太郎氏による謄写《とうしゃ》本を活用しよう。その末尾には、「右は享保十二未年直惟《なおのぶ》様御代御普請仰せ付けられ、御普請方にて吟味書差し上げ申され候由」とある。井伊直惟が藩主の時代、享保十二年（一七二七）に彦根藩普請方（普請奉行）が佐和山城の調査に際して作成した聞書集であることがわかる。佐和山落城から百二十年以上経過して、地域に残っ

佐和山城大手門跡（滋賀県彦根市佐和山町）

た伝承をまとめたものなので、記述のすべてについて信用できるものではない。しかし、現在では忘れられた城跡に関する多くの情報が詰め込まれており、佐和山城復元の有力な資料となることは間違いない。

なお、「聞書」には数種の写本が存在するが、長浜城歴史博物館にもその写本の一つが伝来している。表題は「石田城跡集記」とあり、末尾の墨書によると、彦根の中嶋禎介氏旧蔵本であった。本書冒頭に載る編纂経緯については、先に紹介した「聞書」とは微妙に記述が異なり「享保十二丁未《ひのとひつじ》年六月十四日、御普請奉行御申し渡しニ付、古城御山昔城跡の儀ニ候間《そうろうあいだ》、蜜《みつ》々ニて咄《はなし》承り申し上げ候様、仰せ渡され」とある。ここでは、「聞書」にはない命令が出された月日があるのが特徴だが、彦根藩普請奉行の命で作られたという経緯は「聞書」と変わらない。

佐和山城の構造

佐和山城の構造を、これまでの研究を基に概略追ってみよう（百三十四〜百三十五頁の「佐和山城跡概要図」参照）。佐和山城はJR彦根駅の東北約一キロ、近江鉄道鳥居本《とりいもと》駅の西約一・五キロの標高二三二・五メートルの場所に本丸跡がある。彦根の市街地から旧入江《いりえ》内湖《ないこ》の東に、南北に伸びる丘陵が横たわるが、その最高点となる。正面入口にあたる大手は、残存する大手土塁や伝承が物語るように東麓（鳥居本側）で、西麓（彦根側）ではない。これは、後で詳述する。大手土塁の中央には、今も大手門があった虎口《こぐち》が残り、その内側は現状の道路からみて枡形《ますがた》虎口になっていたことがわかる。この大手土塁が塞ぐ谷の中は、「古絵図」によれば侍屋敷となっていた。おそらく、三成の中上級家臣層の屋敷が並んでいたと推定される。現在は、この谷を近江鉄道が奥のトンネルに向かって伸び、小字を「殿町」という。

佐和山城を大きく見た場合、この大手に開く谷（仮に「殿町谷」という）を中心に、山上の曲輪《くるわ》が展開していることに注意すべきである。すなわち、「殿町谷」正面西の山上に本丸があり、そこから谷を両手で包むように、北の尾根には二ノ丸・三ノ丸が存在する。さ

鳥居本町
馬冷池
奥ノ谷
佐和山町
二ノ丸
三ノ丸
丸跡
殿町
大手土塁
女郎ヶ谷
太鼓丸
山田
佐和山町
1：2000
0
100
200m

※中井均氏作の図面に、曲輪や谷の名前等を追加した。

らに、南の尾根には太鼓丸がある。西麓（彦根側）にあたる本丸北に西ノ丸、太鼓丸西に法華丸が存在するが、これは背後への備えと考えるべきであろう。さらに、「殿町谷」の北に、もう一つ現在も残る土塁跡によって塞がれた谷がある。この谷も「古絵図」によれば、侍屋敷があった場所とされ、小字を「奥ノ谷」と呼ぶ。「殿町谷」に比べれば、やや小規模であるが、谷奥には馬冷池もある。この「奥ノ谷」の周囲にも、二ノ丸を頂点とした山上の曲輪跡が包み込むように存在する。北の尾根は「古絵図」に「後家ガ山」とあるのみで、曲輪は記されていないが、中井均氏の現状調査によって、城郭遺構の存在が確認されている。さらに南の尾根には、三ノ丸から「古絵図」で「丸跡」と記された曲輪が存在する。要するに佐和山城の東麓（鳥居本側）は、南北に「殿町谷」と「奥ノ谷」の二つ谷が並び、そこに侍屋敷が展開、それぞれの谷を山上の曲輪がU字型に囲むという構造を持っていたと考えられるのである。

大手の付け替え時期

「古絵図」や「聞書」によれば、大手土塁とは反対側の西麓（彦根側）にも多くの城郭関連施設があったことが指摘されている。たとえば、「殿町谷」のトンネルを入った近江鉄道が、それを出る場所にあたる「モチノ木谷」には、石田三成の屋敷があったと伝承されている。

この谷に残っていた「モチノ木」は、三成屋敷の書院の前に植えられていたものと「聞書」は記す。また、現在の清涼寺《せいりょうじ》の場所は、三成の重臣であった嶋左近の屋敷跡との伝承も存在する。その他、古絵図や「聞書」により、「石ヶ崎町」などの町屋、侍屋敷、門の存在が西麓で指摘され、松原内湖には百間橋《ひゃっけん》が架かり松原湊と城下を結んでいたという。

中井均氏は大手土塁周辺で瓦が出土しないことを根拠として、この城西麓の遺構が石田時代の大手に当たると推察する。また、用田政晴氏も「古絵図」を検討して、石田時代の大手を西側とする。佐和山城の大手は、もともとは東側であったが、三成が西側へ大手を移動したと結論するのである。現在残る大手土塁が石田時代の遺構であれば、当然瓦をともなうと考えられるからだ。先述した三成の家臣・須藤通光の二月十六日付け書状（下郷共済会蔵文書）によれば、石田時代に佐和山城の「惣構《そうがまえ》」の普請が行われたことが知られる。この文書には年号はないが、中井氏はその時期を、文禄四年（一五九五）以降、すなわち三成が北近江の所領を得た時代と考える。大手を城の東麓から西麓へ付け替えたのも、この「惣構」普請の一環と考えるのである。

しかし、私は石田時代の佐和山城大手は最終段階まで、東麓（鳥居本側）であったと考えたい。その根拠は地形と城郭構造にある。佐和山の西麓北部は、明治二十六年の地形図を見てもわかるように、山際まで入江内湖が迫り、西麓南部も内湖岸の低湿地水田が広がっていた。山間の谷に小規模な城郭施設を造ることは可能だが、とても永続的な城下町を設定できる環境にはない。一方、先述した佐和山城の構造は、武家屋敷があった「殿町谷」と「奥ノ谷」を、山上の城郭・曲輪が取り囲む形状をなしている。現状遺構が示す最終段階の城郭は、明らかに東を向いているのである。「惣構」=「城郭の外郭」の造り直しのみを行って、二つの谷を中心とした東向きの城郭構造を変えないのは不自然と言えよう。「古絵図」や「聞書」が西麓の施設や町割を、石田時代としたのは、おそらく井伊直政がこの城にいた段階と混同しているのではないだろうか。井伊氏は慶長五年(一六〇〇)十月には佐和山城に入り、慶長八年(一六〇三)から南西の彦根山に城を造り始めている。佐和山から彦根に移る過渡期の施設として、城の西麓(彦根側)に屋敷や町が形成されたと考えることができるのである。佐和山西麓は、敷地的にこういった暫定的な屋敷や城下町しか造る余裕はないと見る。

以上、西麓への大手の付け替えは臨時的なもので、それは井伊氏によるものと結論したい。大手土塁付近で瓦が出土しないのは、周辺が町家や中級家臣の居住地で、瓦をのせるだけの建物が、石田時代も建造されなかったという理由で、十分説明がつくと考える。

城下町の場所

私は石田時代の佐和山城大手は、城の東麓にあったと考えたいので、当然その城下町も大手土塁周辺を中心に展開していたと見る。これまで、佐和山城の山上城郭の研究は多いが、城下町について詳述したものは見受けられないので、ここでは「古絵図」や「聞書」、それに現在の小字名などから佐和山城下町の復元を試みたい。

まず、「聞書」から町の範囲を限定してみよう。「聞書」には、城下の北に存在する西山村・物生山《むしやま》村・馬場村について、「此の村石田家の時も百姓ニて御座候」とあり、石田時代も江戸時代と同様に、町場ではなく農村であったことが確認される。この三ヶ村は、明治十二年に合併して宮田村となり、現在は彦根市宮田町となっているが、城下町の北に接しその北限を示すことになる。

城下町の東と南に接するのが、近世中山道の宿場町・鳥居本宿である。近世村としては、北から上矢倉村・鳥居本村（現在は「旧鳥」と通称される）・西法寺《さいほうじ》村・百々村の四ヶ村からなっていた。ここに宿場としての街区が形成されるのは、野田浩子氏が紹介した彦根藩から幕府勘定奉行へ提出された享保十四年（一一七九）の書類などによれば、慶長八年（一六〇三）以降と考えられる。それ以前の中山道、つまり中世東山道の宿場は、南の小野村（彦根市小野町）にあった。江戸幕府の政策によって、近世に入って小野から鳥居本に宿場が移されたと野田氏は述べる。したがって、石田時代には近世鳥居本宿の場所に、町場は存在しなかったと考えてよいだろう。なお、鳥居本宿を構成していたこの四ヶ村は、明治七年に合併して新・鳥居本村となった。現在の彦根市鳥居本町の区画である。

三成の城下町が現在の宮田町や鳥居本町に及ばないとすれば、残る場所は佐和山の膝下にあたる現在の佐和山町、江戸時代の古西法寺村の区域となる。おそらく、関ヶ原合戦直後に行われた村切《むらぎり》に際して、城下町跡と城郭内が古西法寺村として独立し、単独村となったと考えられる。この古西法寺村の区域は、山上稜線《りょうせん》より東の城郭部分を含み、麓には大手土塁が南北に走り、近世においては北東に「内町」の集落があり、南には「山田」の集落が存在した。「内町」は東の西法寺領まで家並が連続している(百四十二頁の「佐和山城下町復元図」参照)。「聞書」によれば「山田」集落は、昔「山田町」と呼ばれ、やや東の方にあったというから、これから述べる城下町の南端を構成していたと考えることができよう。おそらく、現在の「山田」集落の中央を通る朝鮮人街道が江戸時代に発達し、街道が佐和山を越える峠道の休憩所として、少し西に場所を変えて集落が形成されたものであろう。

なお、「聞書」によれば、この「山田」集落から中山道沿いの百々村までは、本来道がなかったと記している。石田時代には、中世東山道(近世中山道)から百々村で西に分岐す

佐和山城内堀跡（滋賀県彦根市佐和山町）

る朝鮮人街道のルートは存在しなかったのかもしれない。

堀と「本町筋」

「聞書」によれば、「山田」集落から東に行く後の朝鮮人街道の途中に、南北に川が流れ土橋が架かっており、これが佐和山城の外堀であったと記している。この川は古西法寺村の東と北を画する境界線となっており、同時にこれが城下町の境界を示したと考えられる。実はその外堀の川に行くまでの間、「山田」集落を少し東へ出た所に、北へ流れる水路が存在する。この水路の両側は、現在も小字「堀すじ」といい、大手土塁の東に沿って進み、途中で土塁に沿って鍵形に西へ曲がり、再び北進して「奥ノ谷」を塞ぐ土塁まで続く細長

佐和山城下町復元図

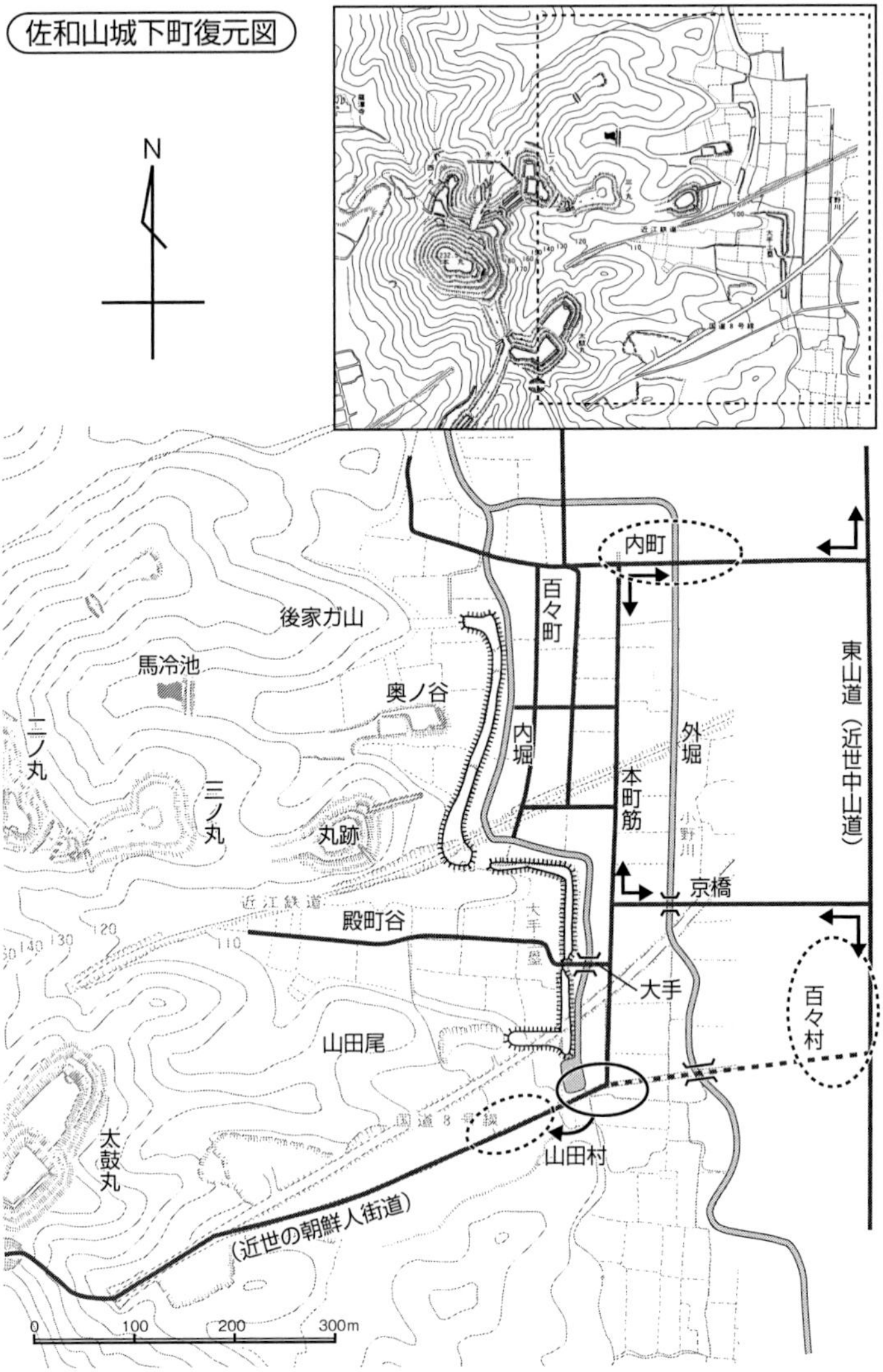

⟷は、佐和山城下に中世東山道を取り込んだ経路（推定）

い小字となっている。これが、内堀である。「古絵図」には、内堀と外堀の間は三十七間（約六十七メートル）、内堀の幅は五間（約九メートル）と記される。

内堀と外堀の間に一本の道が通っていた。この道について、「聞書」は「字古道通り」と記し、「昔本町筋と申し候間、両かわ町家ニて」とある。現在も道の西が「通り道西」、東が「通り道東」という細長い小字になっている。谷口徹氏が言うように、ここが城下町のメインストリートであった。この「本町筋」は両側町で、南北四町余（約四百四十メートル）に及んだ。その道筋のやや南で東に折れて、外堀を渡り中世東山道（近世中山道）に出る道が「古絵図」に描かれ、外堀に架かった橋に「京橋」とある。すなわち、この道は「京都に至る街道」として意識されていた訳だ。

先にも記したよう、中世東山道から分岐する朝鮮人街道が、石田時代になかったとすれば、小野村などの南から中世東山道を通ってきた旅人は、この橋の東で左折し「京橋」を渡って城下町のメインストリートに出る経路をとったはずだ。逆に言えば、城下町から京都へ行く出発点がこの「京橋」であり、それ故この名がつけられたと考えたい。とすれば、中世東山道、つまり京都から関東・北陸へ行く主要街道を、この城下町はわざわざ迂回《うかい》させる形で、町の中に取り込んでいたことになる。しかし、「京橋」からの道が大手土塁に当たり、右折して「本町筋」を北上してから、どの場所で本来の中世東山道に戻るかは不明である。あるいは、「内町」で右折して戻るのであろうか。その場合、城下町はコの字形に街道を取り込んでいたことになる。

城下町と中世東山道

「本町筋」の中央付近で、道の西側に沿った堀と土塁は鍵形に西に折れ、再び北進する。したがって、「本町筋」の北部は西側に敷地の余裕ができ、そこに南北二本の道が通る。その二本の内、西側の道周辺を小字「百々町」という。鳥居本宿の南端を百々村と言ったことは先述したが、「聞書」では石田時代は家数七軒しかなく、今より西の方に集落があったとしている。この村には百々加賀守という地侍がいたと記すが、文献でも確認できる人物である。この百々村は、おそらく中世から存在した集落であろう。「本町筋」西に形成された「百々町」は、城下町建築により、この百々村の人々が移住して町を形成した場所と考えられる。城下町の解体によって、地名のみが残ったのである。

近世鳥居本宿を形成する西法寺村は、その西に隣接する古西法寺村から、村人が移住してできた村と伝承される。これは、古西法寺村の中心に当たる城下町メインストリート「本町筋」の町人が、近世鳥居本宿の成立によって、そちらへ移住した場所が西法寺村と解することができる。先にも紹介した享保十四年の幕府への届けによれば、西法寺村は中山道沿いの集落より、半町ほど西に所在したが、寛永十四年（一六三七）に鳥居本村の家続きに移ったと記している。ここで、「半町ほど西」とあるが、約五十メートル（半町）では集落の移転にならないであろう。移転は佐和山城下からと考えるべきで、その距離は五～六町に及ぶ。また、寛永十四年は、集落の移転が終了した時を指すのであろう。

さらに、この届では鳥居本の家数が少なく宿の機能を果たせないので、西法寺村を移転したと記すが、これも文面どおり理解することはできない。幕府や井伊家にとって、石田時代の城下町は、完全に破壊する必要があり、先に記した小野から鳥居本への宿場の移転は、佐和山城下町の解体にともない、城下町住民を移転させる町場が必要となったため、鳥居本宿が成立したと考えた方が合理的である。江戸幕府と井伊氏は、佐和山城下町の移転先として、西法寺村を含む鳥居本宿を意図的に建設し、中山道の宿場町として位置づけたのである。

以上のように、石田時代の佐和山城下町は、南北五百メートル弱の「本町筋」一筋に、北部のみ西に「百々町」を含む二筋加わる、比較的小規模な構造をもっていた。しかし、「本町筋」は中世東山道を引き入れるなど、経済的には十分配慮された構造を持っていたのである。この城下町の寿命は、石田時代のみとすれば十年にも満たない。仮に、三成城主時代がもっと長く続けば、城下町は東や北へ拡大していったであろう。繰り返すが、城の西麓（彦根側）には地形的に城下町として発展するだけの敷地的余裕はまったくない。石田時代の城下町は、大手土塁前の「本町筋」と「百々町」周辺の外堀内のみであったと推定する。この状況から、三成の佐和山城は、城下町に取り込んだ中世東山道（近世中山道）を扼《やく》することが、第一の目的であったと結論できる。

五　西軍の関ヶ原

信濃真田氏と三成

真田家の決断

信濃国上田（長野県上田市）を居城とした真田昌幸は、その子信之・信繁《のぶしげ》（通常、幸村と呼ばれる人物）を従え、慶長五年（一六〇〇）七月二十一日に下野国犬伏《いぬぶし》（栃木県佐野市）まで進軍してきた。徳川家康の会津上杉氏攻めに参陣するためである。

ところが、この犬伏の地で、昌幸は三成らの家康討伐の計画を報じ、あわせて秀頼への忠節を求めた、後述する豊臣家奉行人連署状（真田家文書）を受け取った。これを読んだ昌幸は、家康に従うか三成に与《くみ》するかの相談を、信之・信繁の兄弟と行った。結局、父昌幸と兄弟の内弟・信繁は三成に、兄・信之は家康につくことになり、前者は上田に引き返し、後者は下野小山《おやま》の家康のもとに馳せ参じた。世に有名な「犬伏の別れ」である。ただし、真田昌幸が西軍色を強くし、同家が二手に別れることになったのは、七月二十一日ではなく八月五日前後であるとする原田和彦氏の見解も出されている。

ともかく、真田家が関ヶ原合戦を前に、親子兄弟の別れを決断したのは事実である。おそらく、それには複数の要因があったとみられる。真田昌幸は天正十四年（一五八六）から豊臣政権の支配下に入ったが、その頃から兄の信之を徳川家康に出仕させ、弟の信繁を豊臣秀吉に出仕させていた。これは、両者の婚姻にも影響し、信之は徳川家康の重臣・本多忠勝の女《むすめ》を妻としていたのに対し、信繁は秀吉の奉行で三成の同僚でもある大谷吉継の女を妻としていた。

一方、真田昌幸の妻は宇多頼忠の女であるが、三成の妻も頼忠の女である。つまり、昌幸と三成は義兄弟の関係にあった。また、かつて上田城を攻撃された苦い経験からであろうか、昌幸は家康と心情的に合わないところがあったとも言う。世評に言われるように、真田家は二手に別れ「家」の存続を図ったというのも真実かもしれない。このような人間関係の中、昌幸・信繁は西軍に従い、信之は東軍に参加し関ヶ原合戦の時に至った。

「真田家文書」に残る三成書状

現在残る「真田家文書」には、西軍諸将からの誘いの手紙が多く残っている。その中でも一番早い慶長五年（一六〇〇）七月十七日に出された、長束正家・増田長盛・前田玄以の豊臣三奉行による連署状は、徳川家康への宣戦布告と、豊臣秀頼への忠節を説いた内容となっている。「犬伏の別れ」で昌幸が受け取った書状である。その後も、宇喜多《うきた》秀家・毛利輝元・大谷吉継らが、上杉攻めに出かけた諸将の妻子を、西軍側が人質に取ったことを報じている。

石田三成も七月晦日《みそか》には、真田昌幸宛て書状【21】を発している。この書状は十一ヶ条からなる長文で、まず七月十七日の西軍蜂起を、あらかじめ知らせなかったことを詫び、大坂にいる昌幸の妻は大谷吉継が預かっている旨を述べる。さらに、尾張・美濃に検問を設け、会津出陣から帰る軍勢について、一人ひとり秀頼への忠誠を確認していること。細川幽斎が籠る丹後田辺城（京都府舞鶴市）攻めの戦況を報じ、兵力を近江に集めていること。それに、前田利長も西軍に同調していることなどを列記する。最後に、二人の使者を会津の上杉景勝の所まで案内してくれるよう依頼している。

この他、八月五日の書状（真田家文書）には信濃国内の所領増加を約束し、あわせて伏見城攻略など、上方の戦況を伝えている。八月六日にも昌幸宛ての書状（『真田家御事績稿』）を送り、尾張・三河に出陣し、徳川家康を討ち果たす旨を伝えている。さらに、八月十日の書状（浅野家文書）も残っており、現在確認できる限りでは、計四通の三成書状が合戦直前の真田昌幸のもとに届けられた。

真田信之宛の三成書状

ところで、「真田家文書」には「さいつ（真田信之、真田伊豆守の略）」に宛てた石田三成の書状が十三通も残っている。この内、文禄三年（一五九四）九月付け書状が、伏見城普請の公務に関する文書、六月九日付け書状が岐阜城主・織田秀信（織田信長嫡孫・三法師）の草津湯治の案内を頼んだ文書である。他は、面会の約束や、進物の礼を述べたもので、きわめて日常的な内容となっており、いずれも三成自筆である。これらの内には花押も据えられず、書状とは言いがたいメモ書き程度のものである。

真田信之像（原昌彦氏蔵）

実は現在、彦根市立図書館に所蔵されている石田三成書状【22】も、この「真田家文書」に伝来した「さいつ」宛て三成書状と、本来は一緒に保存されていたものと考えられる。二十七日付けの「さいつ」に宛てたもので、何回も訪ねて頂いたにも関わらず、病気で会えなかった非礼を詫びている。そして、病気も回復し種々話したいと伝えた内容となっている。形式・書体とも「真田家文書」の三成書状と近似しており、ある段階でそこから流出したと考えざるを得ない。しかし、「真田家文書」に残る宝暦十三年(一七六三)の目録では、三成書状の数は現在と変わりないので、その流出時期は宝暦をさらにさかのぼると判断される。

それにしても、本来ならば読み捨ててしまうこれらの文書を、「さいつ」こと信之が大切に保管していたのはなぜだろうか。三成と信之との間には、職務を越えた親密な交際があったようにうかがわれる。この事実は、関ヶ原合戦の際、徳川家康に従った信之の行動からすると少し意外といえよう。信之の東軍への加担は、「個人」的なつながりよりも、「家」の存続を重視した苦渋の選択であったことを、これらの書状は物語るのかもしれない。

真田家の武勇

ところで、「真田家文書」には、以上述べた三成をはじめとする西軍武将からの古文書が多く伝来する。信之を藩祖とする信濃国松代藩真田家では、これらは幕府に知られては問題が生じるので、昼夜寝ずの番をして警護した秘密の文書との伝承がある。しかし、実際はそうではなかった。松代藩では三成文書を含む重要文書を、「吉光《よしみつ》御腰物箪笥《たんす》箱」と「青貝御紋附御文庫」という二箱に入れて保存していたが、奥に秘すどころか松代城花の丸御殿広間の「床の間」に飾っていたというのである。真田家としては、この文書群を家の由緒を語る大名道具として扱っていたことを、この事実は示している。江戸時代の真田家は、西軍についた昌幸・信繁（幸村）の行動を、けっして抹殺することなく、先祖の武勇として大切にしていたことを示していよう。

真田昌幸・信繁の親子は、信濃国上田城に立て籠り、三成の挙兵に対処するため、西上する徳川秀忠軍を待った。秀忠は九月五日には上田城攻撃を開始した。真田氏は城兵を出撃させ挑発を行い、これに乗った敵を城に引きつけ狙い撃ちする戦法で秀忠軍を翻弄《ほんろう》した。秀忠はあくまで上田城陥落《かんらく》を意図していたが、九月七日に力攻めは不可能と判断し攻撃を中止、翌日には関ヶ原に向けて行軍を開始した。しかし、九月十五日の関ヶ原合戦には間に合わなかった。後の二代将軍秀忠の失態である。関ヶ原に着いていた家康は、徳川家の精鋭部隊ぬきで三成と戦う羽目に陥ったのである。

敗退した西軍の諸将の中でも、秀忠軍を上田にくぎづけにし、関ヶ原に遅参させるという戦功を上げた真田家の武名は、ひときわ人びとの心に焼きついた。関ヶ原合戦後、真田昌幸と共に紀伊国九度山に流された信繁（幸村）が、大坂豊臣家の招きに応じて再挙し、豊臣秀頼のために冬・夏の陣で華々しい活躍をするのは、その十四、五年後のことである。

直江兼続と石田三成

兼続の出頭

上杉景勝の重臣として知られる直江兼続《なおえかねつぐ》は、永禄三年（一五六〇）に、樋口兼豊の長男として、越後国魚沼郡坂戸城下（新潟県南魚沼市坂戸）で誕生した。父の兼豊は坂戸城主長尾政景の家臣であったが、兼続はその政景と上杉謙信の姉・仙桃院との間に生まれた子であった上杉景勝の近習となる。この景勝は、天正三年（一五七五）に謙信の養子として迎えられた。

天正六年（一五七八）三月、上杉謙信が春日山城で死去すると、景勝と兼続は北条氏康の七男で、同じく謙信の養子となっていた上杉景虎と、上杉家の跡継をめぐって戦うことになる。いわゆる「御館《おたて》の乱」である。この戦いは、いち早く春日山城の本丸を占拠した景勝有利に戦いは進行し、上杉家の政庁であった御館に籠もった景虎を攻撃した。翌年三月、景虎は兄・氏康がいる小田原に逃れる途中、鮫ヶ尾《さめがお》城（妙高市宮内）で城主堀江宗親の裏切りにあい自刃した。その後も、越後の混乱は続いたが、天正九年（一五九一）までに、景勝

直江兼続像（米沢市上杉博物館蔵）

はこれを終息させている。この御館の乱において、兼続が近習として果たした役割は大きく、景勝から船一艘を与えられている。

天正九年（一五八一）九月、論功行賞のもつれから憤った毛利秀宏によって、上杉家重臣の直江信綱が春日山城内で殺害されるという事件が起こった。景勝は名家・直江の断絶を惜しみ、その未亡人おせんの方に、樋口兼続を配し直江家を継がせた。兼続二十二歳、直江兼続の誕生である。さっそく、兼続は直江家の居城・与板《よいた》城へ入った。景勝政権は天正十年から兼続と狩野秀治の両名による執政体制となる。兼続は同年十二月、景勝から「山城守」の受領《ずりょう》名を与えられている。狩野秀治は謙信の馬廻衆《うままわりしゅう》から身を起こし、御館の乱後に出頭した人物で、景勝の重臣として兼続と内政外交を分担していたが、天正十六年（一五八八）に病死している。

信長の侵攻と兼続

天正六年（一五七八）に、上杉謙信が死去すると、織田信長は加賀・越中への侵攻を始めた。その状況の中、天正九年六月には新発田《しばた》城（新潟県新発田市）の城主新発田重家が、織田信長に内通し上杉景勝に背いた。景勝軍に攻められて新発田重家が自刃《じじん》したのは、信長死後五年も経過した天正十五年十月のことで、新発田氏攻めに景勝と兼続は、実に七年の歳月を費やした。この間、兼続は織田軍との戦いで辛酸をなめている。天正十年三月に信長は武田勝頼を滅亡させると、上杉攻めを本格化し、景勝方の越中国魚津《うおづ》城（富山県魚津市本町）を包囲した。この魚津城は八十余日の間、織田軍に包囲され救援も食料もなく、六月三日に玉砕している。

この籠城中の四月二十三日、在城していた十名の武将たちが、上杉家へ窮状を訴えた悲痛な連署状が残っている（中條家文書）。「当地の儀、…夜昼四十日に及び、相責め（られ）申し候と雖も、今日に至るまで相抱え申し候、此の上の儀は、各々滅亡と存ぜしめ定め申し候」と述べている。この連署状の宛名は、他でもない兼続（直江与六）その人であった。この時、兼続が上杉軍の軍事指揮を握っていたことを、この連署状は物語っていよう。この時、景勝と兼続は織田軍の森長可《ながよし》と滝川一益が春日山城に迫ってきており、魚津城救援を行えなかったのである。ところが、織田信長は六月二日に本能寺で明智光秀によって討たれた。

この報が、魚津に入ったのは、落城翌日の六月四日であったという。もう一日、信長死去の報が早ければ、魚津城の玉砕は防げたのである。越中や越後に侵攻していた織田軍はすぐさま撤退し、景勝と兼続は一夜にして窮地を脱した。

豊臣大名としての道

兼続が掌握していたのは、上杉家の行政・財政・軍事・外交など全般にわたるが、これらをその居城がある与板の国人たち・与板衆が支えた。文禄五年（一五九六）から慶長二年（一五九七）にかけて実施した景勝領の検地も与板衆が中心となってなされ、天正十七年（一五八九）に新たに上杉領となった佐渡統治を任された兼続は、やはり与板衆を島内に配置している。

この難局の中で、豊臣大名として上杉家が生きて行く道も、この兼続が開いている。豊臣政権側の窓口は言うまでもなく、石田三成と増田長盛であった。天正十四年（一五八六）六月、兼続は景勝と共に上洛し、秀吉と対面している。この時、兼続は千利休の点前《てまえ》で茶湯の接待を受けている。三成と兼続の初対面は、この上洛の出迎えのため、三成が出向いた金沢城下郊外の森本（金沢市内）であった。なお、天正十三年（一五八五）八月、富山城の佐々成政《さっさなりまさ》が秀吉の十万に及ぶ大軍に包囲されて降伏した後、秀吉と三成が越中・越後の国境にある越水城《こしみず》を訪れ景勝と兼続に接見したという話が『上杉三代記』に見えている。これが事実なら、三成と兼続の初対面はこの場となるが、この逸話は秀吉側の史料には見えず、史実としては疑わしいとするのが大方の見方である。

天正十六年(一五八八)にも上洛するが、この時に兼続は従五位下に叙任され、秀吉から豊臣姓を与えられている。天正十八年(一五九〇)には、景勝は兼続を伴い小田原攻めに参加、文禄元年(一五九二)には朝鮮出兵のため肥前国名護屋城に駐屯、上杉軍の陣所は今も「越後陣」と呼ばれている。さらに、秀吉の命により一年三ヶ月にわたり朝鮮に在陣した。上杉家の正史『上杉年譜』には、兼続をして「国柄《こくへい》ヲ執《とり》テ武名ヲ天下ニ洋溢《よういつ》ス、故ニ秀吉公、家康公、秀忠公ニ拝謁スル事数次、恩遇《おんぐう》モ亦諸家に超越ス」と述べている。兼続は上杉家の家臣を越えて、豊臣・徳川政権など中央政界にも通じる武将として、天下にその名が知られていたのである。

慶長三年(一五九八)正月、景勝は秀吉から会津(会津若松市)百二十万石への移封が命じられるが、兼続はこの引越し作業に、与板衆と共に中心的役割を果たした。新領国では、兼続は米沢(山形県米沢市)六万石の城主となる。ところが、家康の上杉攻めが発端となった関ヶ原合戦後、上杉景勝は米沢三十万石に減封される。この時に至っても、兼続はその家宰的地位を維持し、幕末まで続く米沢城下の整備、藩政の確立など上杉米沢藩の基礎を築いている。

この他、兼続は多くの良書を収集したことでも知られ、その蔵書は禅林文庫として米沢藩の学問に大きく寄与した。また、慶長十二年（一六〇七）に兼続が京都要法寺で印刷させた、いわゆる直江版『文選《もんぜん》』三十冊は、日本初の銅活字印刷であった。元和五年（一六一九）十二月十九日、兼続は江戸で死去した。六十歳であった。一方、上杉景勝は元和九年（一六二三）に米沢城で死去している。六十九歳であった。

三成と上杉家の接触

石田三成が、上杉家と最初に接触をもったのは、賤ヶ岳合戦直前の天正十一年（一五八三）二月七日の覚書（『別本歴代古案』）であろう。これは、同日付けの景勝からの書状・誓詞を受け取った旨を記した羽柴秀吉書状の副状《そえじょう》で、七ヶ条からなり秀吉の誓詞を、多賀の牛王《ごおう》（護符）ではなく熊野の牛王の裏に記して送ったこと、秀吉が戦おうとしている越前国柴田勝家を攪乱するために、越中に攻め入るべきことを説いている。まだ左吉と称した三成と、増田長盛、木村清久（吉清）が連署しており、形式上使者となった西雲寺という僧に宛てているが、景勝やその家中に宛てたものであることは明らかだろう。それは、西雲寺からさらに書状類を中継ぎした信濃国海津城主須田満親から、「其の辞更ニ疎謾《そまん》（い

春日山城跡（新潟県上越市）上越市観光コンベンション協会提供

つわり）に非ズ」と上杉家に報告されていることが『上杉年譜』に見えるからである。ここで、上杉家中を代表していたのは、景勝の執政としての地位を築いていた直江兼続と考えられ、兼続は豊臣政権との接触当初から、三成の名を知ることになった。

　三成が直接、直江兼続へ書状を送ったのも、その直後のことである。羽柴秀吉は天正十一年六月二十八日、「今度柴田討ち果し」と賤ヶ岳合戦の戦勝を上杉景勝に報告した書状を出しているが（上杉家文書）、三成はその副状【23】を直江兼続と狩野秀治宛に出している（大石文書）。実は上杉家は賤ヶ岳合戦の後、秀吉から叱責《しっせき》されていた。越前の柴田勝家を挟撃するため、越中への侵攻を求められていたのに、約束を果たさなかったからである。

三成は増田長盛と共に、上杉家から秀吉への取り成しを期待されたが、三成はこの文書の中で「向後《こうご》相改め、別《わけ》て御入魂の旨、逐一《ちくいち》其の意を得られ、誓紙を以って申し入れられ候……弥《いよいよ》幾久《いくひさしく》仰せらるる通り目出存ずべく候」と述べている。今後上杉家が方針を転換して、秀吉と昵懇《じっこん》となることは理解したというのである。関ヶ原合戦を前にして、三成と兼続の間に深い信頼関係があったとしたら、この時点から醸造されていったものであろう。

もう一つ、天正十五年（一五八七）十月二十五日、上杉軍が新発田重家を滅亡させた際、翌月二十二日付けで、秀吉が景勝の戦勝を祝した文書が「上杉家文書」の中に残っている。「新発田因幡《いなば》其の外残らず三千余討ち果たし、平均に申し付けらるるの由、心地能《よ》く候、日来の本意を遂げられ候段、誠に以って満足之に過ぐべからず候、其の方心中喜び斜めならず思《おぼ》し召され候」と、その文言は戦勝を手放しで喜んでいる。そして、その旨を石田三成と増田長盛に伝えたと記す。同日付けで三成と長盛の二人は、景勝宛の副状を認《したた》めている。その副状の中では、直江兼続の弟・大国実頼の上洛を話題にしており、実頼が上洛すれば三成・長盛両人として丁寧に「もてなす」ことを記している。この時期においても、豊臣家と上杉家間の交信は、豊臣家側は三成と長盛が、上杉家側は兼続が担当していたことを物語っている。

関ヶ原合戦での三成との共闘

石田三成が直江兼続と密約を交わし、相応じて挙兵し、上杉攻めに関東に出向いた徳川家康を、東西から挟撃しようとしたという説は、江戸時代から存在する。結論から言って両者が挟撃作戦を密談したとしても、そのような軍事秘密は文章にして残す訳がなく、歴史学の立場からどう探索してみても、結論が出る話ではない。現在も、関ヶ原合戦に際して二人の密約があったという説と、そんな密約はなく、三成の挙兵はきわめて無計画だったという説に分かれるようだ。しかし、いずれにしても、桐野作人氏が言うように、直江兼続が徳川家康に、宣戦布告ともとれる「直江状」を送った四月以降、特に六月前後からは三成と兼続は密接に連携を取って、家康を東西から挟撃する作戦を展開していく。それ以前の密約については確認のとりようがない。

ここに、『続武者物語』に掲載された、石田三成から直江兼続への六月二十日付の書状【24】がある。本書については、今井林太郎氏が偽文書であると断じ、三成と兼続の東西挟撃説を否定した。しかし、最近になって笠谷和比古《かずひこ》氏や桐野作人氏によって、問題視されてきた「天の与えと祝着せしめ候」の文言は、真田家に残る三成文書でも使用される常套句で、三成が出した文書として疑問がないとの解釈もなされている。この文書が偽文書でないとすれば、文中にある「兼々調略存分に任せ」の文言から、「直江状」が出された四月以来、三成と兼続の間で家康打倒について何らかの連絡が持たれていたことを示していよう。

しかし、この文書はやはり偽文書だろう。その理由は、やはり文言にある。三成が七月初旬に「佐和山を罷《まか》り立ち、大坂に越境せしむべく候」とあるが、「越境」の用法は当時の文書として不自然である。また、「其の表手段承りたく」の「手段」も、戦国の文書ではあまり用例をみない。ただ、家康との戦いにおいて、両者が密接な連絡を取っていたことは、真田家に残る昌幸宛七月晦日付けの三成書状などにより明白である。その真田昌幸宛の文書では、信濃の上田を介して、三成が会津上杉家と連絡を取っていたことが記されている。

ただ、その家康攻撃についての連絡を両者が取り始めたのは、やはり「直江状」が出された四月頃と考えるべきであろう。家康の上杉攻めの発端となった、関ヶ原前年からの景勝による国内諸城の普請や、道路・橋梁の整備などの軍備が、家康徴発のため三成との連絡のもとに計画されたかというと、何ら明確な証拠は存在しないのである。両者の共闘は、「直江状」以降に限定して考えるべきであろう。

しかし、関ヶ原合戦への道のりは、三成と兼続が思ったようには動かなかった。三成蜂起の報を聞いた徳川家康は、七月二十五日下野国小山で評定を開き、全軍を上方へ反転させることを決めた。この情報を得た兼続は、家康軍を追撃することを景勝に進言したが、目前から逃亡する敵を追撃するのは、上杉の「義」の精神に背くと景勝に反対され果たせなかったという。結局、兼続は家康についた最上義光の出羽国内にあった支城を落とし、義光の重臣・志村光安が籠る長谷堂《はせどう》城（山形県山形市長谷堂）を攻撃している間に、関ヶ原での西軍の敗北を聞き撤退した。兼続の関ヶ原は、主戦場とは無縁な東北の局地戦に終始してしまったのである。兼続が家康を追撃して江戸まで出なかったことは、三成にとっては誤算であり、また兼続にとっても誤算であったと推測される。これが、関ヶ原における西軍敗北の一因となったことは間違いない。

西軍の関ヶ原

三成の蜂起

　慶長五年（一六〇〇）六月十六日、再三の上洛命令に従わない会津の上杉景勝を討つため、徳川家康は手兵を率いて大坂城をたち、伏見城を経由して関東へ向かった。慶長三年に秀吉が没してから、豊臣家を無視し独自の政権を確立しようとする家康に腹をすえかねていた三成は、七月初め佐和山城で、大谷吉継・安国寺恵瓊《えけい》と会談し、家康打倒の密議を行っている。ここで三人は、西軍挙兵の盟主に五大老の一人毛利輝元を仰ぐことに決め、輝元もその招きに応じ七月十七日には、大坂城西の丸に入った。さらに、五大老の一人である宇喜多秀家も三成の招きに応じ、西軍に加わった。

　輝元が大坂城に入った日、長束正家・増田長盛・前田玄以の三奉行の名で、徳川家康の罪状十三ヶ条を列挙した「内府ちが《(違)》ひの条々」が諸大名に送られ、三成を中心とする西軍は家康への宣戦布告に踏み切った。近畿地方はこの時、西軍の勢力圏であったが、鳥居元忠の伏見城と、細川幽斎の田辺城（京都府舞鶴市）は、徳川家康側の東軍の拠点となっていた。

西軍の猛攻を受けた伏見城は、八月一日には陥落したが、田辺城は五十日間にわたる攻撃でも陥落せず、九月十二日に至って開城する。

七月二十四日、下野小山に到着した家康のもとにも、すでに三成挙兵の報は届いており、七月二十五日には有名な「小山評定」が開かれ、家康は従軍してきた諸将の去就を問うた。評定は福島正則の一言で、諸将の東軍参加が決まり西上を開始する。

三成の戦略

伏見城を落とした三成が、八月初めで考えていた戦略を示す文書が、「真田家文書」に伝来した「備口人数《そなえぐち》」である。これは、関ヶ原合戦前の西軍の布陣を記したもので、八月五日付けの石田三成書状（同文書）にある「備《そなえ》の人数書」に相当するものと考えられる。三成が真田家に西軍の配置を知らせたものである。

内容を見よう。安濃津《あのうつ》城の富田信高ら伊勢国の東軍を討滅させるため、「伊勢口」には毛利輝元（安芸中納言、実際は一族の毛利秀元が出陣した）・宇喜多秀家や長束正家ら七万九千八百六十人を投入している。これは全軍の約三分の一に当たる西軍主力で、徳川家康西上の前に伊勢国の東軍を壊滅させることが、三成らの最大の目標であったことが知られる。

次に、「美濃口」には石田三成・織田秀信（岐阜中納言）・小西行長ら二万五千七百人、金沢の前田利長の南下に備えるため「北国口」には大谷吉継ら三万百人を配し、「瀬田橋《はし》爪在番《づめざいばん》」（近江瀬田橋の守り）に太田一吉・垣見一直・熊谷直盛ら九州勢六千九百十人を置く。さらに、「大坂留守居」に秀頼馬廻りや前田玄以・増田長盛四万二千四百人を配置していた。その総数は、十八万四千九百七十人に上った。三成ら西軍の八月段階の計画が、尾張・美濃から加賀・越前に至る南北のラインで、東軍を迎撃しようとしていたことが読み取れる。他方で、会津の上杉景勝と密接な連絡を取り、景勝が佐竹義宣と連携し関東へ出撃するように依頼している。

三成は八月十日には美濃大垣城へ入り、尾張清洲城を西軍に取り込もうとしたが失敗している。八月十三日には、尾張国葉栗《はぐり》郡前飛保《まえひぼ》村（愛知県江南市）にある曼陀羅寺《まんだらじ》へ三成は禁制を発している。曼陀羅寺は木曽川南岸にあるが、この時点で尾張と美濃の国境である木曽川付近で決戦が行われる可能性があったことを、この禁制は物語っている。しかし、小山から取って返した福島正則・池田輝政らが、西軍の岐阜城を八月二十三日に陥落させ、三成の木曽川での東軍迎撃構想は破綻した。

東軍の進撃は早く、八月二十四日には美濃赤坂にある岡山（大垣市内）に陣を張った。岡山は三成が籠る大垣城から西北へ四キロの場所にあり、両軍の対峙《たいじ》が始まった。三成は大坂に使者を出して、毛利輝元に出陣を要請すると共に、西軍諸隊を大垣周辺に集結させるよう命じた。宇喜多秀家も大垣城へ入り、大谷吉継は越前から関ヶ原山中村に布陣した。毛利秀元・安国寺恵瓊ら毛利勢も、伊勢国から大垣城を臨む南宮山へ展開した。この時、三成は明らかに大垣付近で雌雄を決するつもりであった。

両軍の禁制

蔭山兼治《けんじ》氏によると、美濃国内では慶長五年（一六〇〇）八月から九月にかけて、五十三通の禁制が出ている。これらは、いずれも関ヶ原合戦及びその前哨戦に関するもので、その内訳を発給者別にみると、

①東軍部将　二十三通
②徳川家康（東軍）　十七通
③石田三成を含む西軍部将　三通
④織田秀信（西軍）　十通

となる。東軍側の禁制は、九月十五日の合戦までは、①の形で福島正則・池田輝政らが出し、合戦の翌日から②の家康自身が出す形に変化している。

これに対し、西軍側の禁制はきわめて少ない。岐阜城主であった織田秀信によるものを

関ヶ原合戦絵巻（長浜市長浜城歴史博物館蔵）

除けば、わずか三通に過ぎない。その内二通は、石田三成・小西行長・島津義弘・宇喜多秀家の西軍四将が、現在の大垣市内の顕性寺《けんしょうじ》・西圓寺《さいえんじ》に出した禁制である。前者は顕性寺がある林村宛て、八月二十七日付けで村内の安全保証を表明したもの【25】。後者は赤坂の西圓寺宛て、九月五日付けで境内安全の保証や竹木伐採の禁止がうたわれている【26】。もう一通は、加納村（岐阜市）の円徳寺に、九月九日付けで出されたもので、三成・島津義弘の署名がある。本来は、もう少し多く発給されたのだろうが、敗軍側の禁制は廃棄されたのかもしれない。

なお、西圓寺には慶長五年八月付けの池田輝政禁制も残っており、東西両軍から禁制を得ていたことになる。

決戦までの陣形

九月十四日、東軍諸将に遅れて関東をたった家康が岡山の本陣に到着した。動揺する西軍の士気を鼓舞するため、三成の家臣・嶋左近は、大垣城と岡山の途中にある杭瀬川《くいせ》で、東軍の中村一栄《かずひで》・有馬豊氏隊へ挑発を行い、中村の家老の野一色頼母《のいっしきたのも》を討ち取るなどの戦果を上げた。この野一色は、近江坂田郡野一色村（米原市野一色《のいっしき》）出身の武将である。

家康は十四日の夜、諸将を集めて軍略を議し、大垣城を攻めず、西に進み三成の本拠・佐和山城を陥れ、大坂まで進撃することにした。敵の本拠を衝く作戦であるが、三成を城外に誘い出し野戦に持ち込む作戦であったともいう。

この動きを察した三成は、大垣の西十キロ余りの関ヶ原を決戦地と決めた。西軍は夜陰の中を行軍し、東軍に先回りをする形で、関ヶ原に全軍を展開した。その陣形は、北国街道を押さえる笹尾山に三成が陣し、そこから南へ島津義弘・小西行長・宇喜多秀家・大谷吉継と並び、さらに南の松尾山の小早川秀秋の陣まで半月形をなしていた。南宮山には、毛利勢が従前より陣を敷いており、その総勢は十万八千人余りであったという。同じく夜中進軍し、関ヶ原の真ん中に陣取った東軍七万五千人余りと比較すると、合戦前の状況は西軍に有利であった。

関ヶ原古戦場（岐阜県不破郡関ヶ原町）

合戦当日の西軍

　合戦の模様は、軍記物の記載に頼る他ない。それによれば、合戦は午前八時頃から始まった。東軍の福島正則隊の横をすりぬけて、後方にいた井伊直政・松平忠吉隊が、西軍の宇喜多秀家隊に向かって鉄砲を撃ち始め戦端を開いた。両軍は一進一退を繰り返したが、西軍諸隊は動かない部隊が多過ぎた。三成の隣の島津義弘は、三成の催促にも応じる気配はなく、松尾山の小早川秀秋の陣も正午頃まで静かであった。南宮山の毛利勢も合戦を傍観していた。

　小早川秀秋は、一応西軍として参陣したが、合戦前から家康に内応しており去就を決めかねていたのである。正午をまわった頃、家康から鉄砲を撃ちかけられ、やっと重い腰をあげ西軍の大谷吉継隊に突撃していった。秀秋の部隊一万五千の裏切りは、西軍にとっては決定的な打撃となった。これをきっかけに全軍総崩れとなり、大谷吉継は自害し、他の諸将も敗走していった。島津義弘隊のみは、敵中突破を敢行し薩摩に逃れたことは余りにも有名である。

西軍敗退の鍵は、松尾山の小早川秀秋の裏切りにあることは衆目の一致するところである。三成は、決戦三日前の十二日の段階で、松尾山には中国勢(毛利勢)を入れる作戦を立てていた。しかし、合戦前日の十四日に、松尾山に陣していた伊藤盛正を追い出して、小早川秀秋がこの城に入っている。この秀秋の行動が、内応を前提としての行動かどうかは今となっては知り得ない。しかし、三成の当初の戦略が、秀秋はじめ西軍諸将の勝手な行動により乱され、それが関ヶ原の敗退に結びついたことは明らかである。

石田三成の捕縛

吉政への三成捕縛命令

関ヶ原合戦直後、徳川家康から近江伊吹山方面に逃亡した三成追捕の命を受けたのは、三成と同郷の武将・田中吉政であった。吉政は三成の故郷である坂田郡石田村から北西に約六キロ離れた、浅井郡宮部村・三川村（東浅井郡虎姫町宮部・三川）の出身で、三成よりは十二歳年上である。豊臣秀次の筆頭宿老として活躍し、関ヶ原合戦当時は三河国岡崎（愛知県岡崎市）十万石の城主となっていた。

田中家の盛衰をまとめた軍記物『田中興廃記』は、徳川家康から「石田三成佐和山に籠城せざる上は何国に落ちたるも知りがたし、貴殿は江州《ごうしゅう》の案内者なり、急ぎ江北《ごうほく》へ馳せ赴き、石田を尋ね出だささるべし」と命じられたと伝える。藤井治左衛門著『関ヶ原合戦史料集』には、「田中吉政は東近江に対し、懸賞を付け、石田三成・宇喜多秀家・島津惟新三将の捜査状を出した」として九月十七日付田中吉政文書を掲載する。この文書自体は、文言に不自然さが目立ち偽文書の可能性もあるが、吉政が佐和山攻撃中から、三成探索を命じられていたことは事実であろう。

家康から吉政への手紙

なぜなら、九月十九日に家康およびその臣・村越直吉が、宇喜多秀家・石田三成・島津義弘の捕縛を、田中吉政に命じた書状（早稲田大学図書館蔵文書）が残っているからである。文面から吉政書状への返書であることが知られ、三成追捕はこの日以前から、家康周辺や吉政の間で、最も重要な問題であったと推測される。村越直吉の書状では、小西行長を捕縛したことが、吉政へ伝えられているが、伝承によれば、その場所は美濃国揖斐《いび》郡中山村（岐阜県揖斐川町春日中山）であった。ちなみに、村越の書状で捕縛が命じられた三人の内、島津は敵中突破を果たし、江濃国境の五僧峠（滋賀県犬上郡多賀町五僧・岐阜県大垣市時山）を越え堺から薩摩へ逃亡、宇喜多も北近江に長く潜伏していた後、島津氏を頼って薩摩国に赴いているので、結果的に家康によって身柄を拘束されたのは三成のみであった。

九月二十二日、徳川家康は田中吉政に次の書状（柳川古文書館蔵文書）を出している。

治部少輔小者一人ニて、越前通り罷《まか》り除《の》き候由承り候、此の方より八瀬・大原・鞍馬・丹波へも申し遣《つか》わし候、日夜の御苦労共察し入り候、二、三日中其の地ニて休息候て

御越《おんこ》し有るべく候、又中嶋宗左衛門尉《そうざえもんのじょう》父子生け捕られ候由、大慶に候、恐々謹言、

九月廿二日　　　家康（花押）

田中兵部大輔殿

ここでは、三成の逃亡先について、北近江から越前との情報を得ているものの、家康は山城・丹波方面にも探索の網をかけていたことが読み取れる。そして、しばらくの休息の後、三成捕縛に向かうよう吉政に命じると共に、三成の家臣・中嶋宗左衛門親子を生け捕ったことを称賛している。実は前日、田中吉政の家臣によって、すでに三成は捕縛されていた。同じ九月二十二日付けで、徳川家康が吉政に三成捕縛を賞した書状の写（『譜牒餘禄《ふちょうよろく》』）も残っている。おそらく、二つの書状は同じ二十二日付けだが、出した時間が違うのであろう。家康は捕縛から一日たった九月二十二日に、三成が生け捕られたことを初めて知ったのである。

諸書にみる捕縛状況

残念ながら、三成捕縛の真相を伝える同時代の古文書はない。江戸時代の逸話集や軍記

石田三成隠れ岩窟（滋賀県伊香郡木之本町古橋）

物でしか、それを描けずその真相は不明と言える。ここでは、諸所に載る話をいくつか紹介するにとどめたい。江戸時代の大名・旗本の系譜集『寛政重修諸家譜《かんせいちょうしゅうしょかふ》』田中吉政の項では、三成捕縛の経緯を以下のように伝える。三成は近江国草野（長浜市東北部・米原市東北部周辺）で樵《きこり》の姿をして隠れていたが、吉政の家臣・田中伝左衛門正武が怪しんで尋問した。三成は自分が樵であると答えたが、その面を知っている者が捜査隊の中にいて生け捕ったとある。

一方、『田中興廃記』では、次のように記す。三成捜索のため北近江に至った田中吉政は、井口《いのくち》村（伊香郡高月町井口）に陣所をおき、諸方へ兵を遣わして探索にあたった。三成は合戦場からの逃亡の途中で腹痛を起こし、歩行もままならぬ状態であった。古橋村（伊香郡木之本町古橋）までたどりつき、同村の与次郎太夫にかくまってもらった。しかし、周囲に敵の探索が迫ったことを知った三成は、かくまっている者たちに迷惑がかかることを嫌い、与次郎太夫に自身の居場所を吉政に告げるよう促す。与次郎太夫は最初申出を断ったが、三成の強い意志を察し、吉政のもとに三成潜伏を通報した。すぐさま、吉政の家臣である田中伝左衛門・沢田少右衛門が古橋村を訪れ、三成に縄をかけ乗物に乗せて、井口村まで連行したとある。

吉政に会った三成は、「一戦に利を失い言語道断無念なり、去りながら太閤への報恩と思えば今はさまでの後悔なし、又今日まで身を離さず秘蔵せし脇指《わきざし》は、先年太閤より給りたる切刃《きっぱ》貞宗の珍器なり」と述べ、この脇指を吉政に授けたと『田中興廃記』は記す。この時、吉政が三成から与えられた短刀が、東京国立博物館に収蔵されている石田貞宗である。一尺をわずかに越える寸延《すんのべ》短刀なので、脇指とも表現される。なお、三成ゆかりの刀としては、他に同じく東京国立博物館に収蔵されている無銘正宗がある。慶長四年（一五九九）閏三月、加藤清正・福島正則・黒田長政ら七将に襲撃された三成に対し、徳川家康は佐和山へ引退するよう勧める。その際、伏見から近江に赴くまでの警護にあたったのは、家康の次男・結城秀康であった。彼は近江瀬田まで三成を護送するが、その礼に三成から贈られたのが、この三成の愛刀・正宗であったという。

岡山藩士で学者であった湯浅常山の著『常山紀談』によれば、田中吉政は捕縛された三成に会釈して、「数十万の軍兵をひきゐられし事、智謀のゆ、しき事と申すべし、軍《いくさ》の勝敗は天の命に候えば力に及びがたし」と語ったという。そして、三成が望んだ韮雑炊《にらぞうすい》を出してもてなした。その時、三成は座上の柱によりかかりながら、常日頃のごとく「田兵」（田中兵部大輔の略）と呼んで吉政に話かけていたと描写されている。この項の冒頭でも記したように、吉政の出生地である浅井郡三川・宮部と、三成の出生地である坂田郡石田村は指呼《しこ》の間であった。同じ浅井氏家臣の家系でもあり、両者は若年期から親しかったと推定できる。

三成の捕縛場所

三成が吉政の軍に捕まった場所としては、『寛政重修諸家譜』は草野と記し、『田中興廃記』は古橋村と記す。この他にも、脇坂村（湖北町丁野《ようの》）・川合《かわい》村（木之本町川合）・井口村など諸書によってまちまちで一定しないが、古橋村とするのが最も一般的である。さらに、古橋村の中でも、具体的な捕縛地については、山中の岩窟としたり、三成をかくまった与次郎太夫宅と言われたり、高時川沿いの下川原とする説などがある。最近、古橋村の庄屋文書「高橋家文書」から、嘉永七年（一八五四）四月十三日に、越前福井藩の家臣であった大関彦兵衛・田中勘助が、田中伝左衛門の子孫と称して古橋村を訪れた時の経緯を記した文書【27】が発見された。それによると、三成は庄屋次左衛門宅の縁の下で生け捕られたと記している。

このように、その捕縛地は江戸時代から諸説あるが、吉政や三成の生国である北近江であったことは間違いない。生国であるからこそ、三成は逃亡先に選び、吉政はその追捕を命じられた。この一件は、三成にとっても吉政にとっても、不思議な因縁を抱かせることになったであろう。三成が捕縛されたのは九月二十一日。井口村で三日を過ごした三成は二十四日、吉政に連れられて中山道の経路を上り、翌日には徳川家康がいた大津の陣営に到達した。

この陣営で、家康が厚く三成をもてなしたことや、三成が前を通った小早川秀秋を「人を欺《あざむ》きて裏切したるは武将の恥辱、末の世までも語り伝へて笑ふべし」と痛罵《つうば》したなど、数多くの逸話が『常山紀談』に載る。二十六日には徳川家康と共に大坂へ入り、大坂・堺・京都の町中を引き回された上、京都六条河原で十月一日に処刑された。享年四十一歳であった。処刑の直前、喉《のど》の渇きを癒《いや》すため勧められた干柿を、「痰《たん》の毒」として食さなかった逸話が『茗話記《めいわき》』に載る。三成が死の直前まで命を大切にし、大志を遂げようとしていた逸話として紹介される。しかし、この逸話が事実かどうか、今の歴史学では検証しようがないのは、なんとも残念なことである。

余談だが、三成を捕縛した田中吉政は、この関ヶ原の一連の戦功により、三河国岡崎・西尾城主十万石から大幅な加増を受け、三十二万石余の大守として、慶長六年（一六〇一）四月、筑後柳川に入部する。三成を生け捕った吉政にとって、関ヶ原合戦は間違いなく大きな節目であった。

佐和山城の戦い

佐和山の防備と緊張

関ヶ原合戦が行われた二十日ほど前に当たる八月二十六日、大垣城にいた石田三成は、一時その居城佐和山に戻っている。この段階で、東軍の主力は美濃赤坂（大垣市）で家康の到着を待っており、西軍の主力も大垣城に兵力を集中し、約四キロを隔て両者対峙《たいじ》していた。二十日後の決戦場が関ヶ原となることは、この時点で誰も確信を得ていなかった。その中で、三成は東軍の急襲にも耐えられるよう、佐和山城の守備を強化する必要があったのであろう。また、九月十二日付の増田長盛宛て石田三成書状では、佐和山城下に中国勢五千人ばかりを入れるべきとも言っており（『古今消息集』）、西軍にとって佐和山は、大垣・大坂を繋ぐ軍事拠点であった。

佐和山の軍事的重要性もさることながら、西軍の主将・石田三成の居城である佐和山は、それだけで戦場となる可能性を持っていた。徳川家康は西軍攻撃の先手として遣わした田中吉政に、次のような朱印状を出している（柳川古文書館蔵文書）。その日付は、三成が佐和山に一時帰還した八月二十六日付である。佐和山での合戦を予想して、このたび多くの周辺住民が山入りなどして避難している。そこで、住民が早く帰り住むように伝えるべきことが、ここに記されている。この文書を見る限り、家康は佐和山城を攻撃する意図がないように見える。しかし、佐和山城の周辺では、東軍の来襲を予測して、合戦二十日前から臨戦状態に入っていたことが読みとれる。

佐和山落城

徳川家康の言とは裏腹に、この佐和山にも戦禍は及んだ。それは、関ヶ原で石田三成が敗戦した二日後であった。主将三成が伊吹山方面に逃亡した結果、佐和山の守備は本丸にいた三成の父・正継、それに三ノ丸を守備していた兄・正澄に託されていた。その守兵は、わずか二千八百人程度であったという。攻める徳川家康は、十六日には伊吹山の麓である藤川(米原市藤川)を出発し、十七日には佐和山南の正法寺山《しょうぼうじ》(彦根市正法寺町)に陣を敷き、城への総攻撃を命じた。関ヶ原本戦の途中から東軍に従った小早川秀秋と脇坂安治は、鳥居本側の大手(東)から攻め上がり、田中吉政の部隊は水ノ手と呼ばれる搦手《からめて》(北)から攻め入った。

大手正面の曲輪・太鼓丸での攻防は、軍記物でも大きく扱われている。正継は、赤松則房・長谷川守知（宇兵衛とも）を遣わして防備にあたったが、長谷川が小早川の軍に内応し、城中に敵兵が乱入してくる。この段階で、徳川家康は船越景直を城中に送り降伏を諭し、石田正澄も自らの死を持って開城に応じる意向を示した。しかし、搦手を守る河瀬織部の防戦に手を焼いていた田中吉政の軍はこの情報を知らず、本丸に突入を開始した。本丸にいた正継は、意を決して宇多頼忠・頼重、赤松則房などと共に自刃した。さらに、土田桃雲は三成の妻を刺殺し、天守に火を放って殉じ、城中の婦女は逃げまどって本丸南方の断崖に身を投じた。現在も、この谷を女郎ヶ谷と呼んでいる。

炎上していない佐和山城

この佐和山落城に際しては、江戸時代の『石田軍記』などの軍記物では炎上したと記されている。これに対し、中井均氏は本丸や西の丸に散乱する瓦には、焼失した痕跡が認められないこと。また、落城の翌年（慶長六年）二月には井伊直政が近江支配の拠点として、佐和山にすぐ入城していること。これらの事実から、佐和山城の焼失について否定的な見解を示している。一般に言われる佐和山の悲劇は、三成の行く末から連想されるものであって、実際は落城というより開城に近いのではないか。

佐和山落城の状況については、当時の文書史料は残らず、近世に成立した軍記物や聞書に頼らざるを得ない。そこでは、城内の抵抗はあったが、家康側の調略が功を奏し、自滅的に落城したというのが一般的である。例えば、『関ヶ原記』では、城内に徳川軍が突入すると、「城中ハ防戦スト云《い》ヘドモ、多勢ニ無勢叶《かない》ガタク思ヒ定メ、妻子共ニ向テ今ハ是迄ゾ、世ヲモ人ヲモ恨ム可カラズト、念仏ススメ、心強クモ妻子共刺殺ス」とある。

落城は自滅的

享保十二年（一七二七）に彦根藩普請奉行の命で作成された『古城御山往昔咄聞書』によれば、太鼓丸にいた三成の家老山田嘉十郎は、武具を大切に取り扱う者で、弓矢に自らの名前を記していた。関ヶ原合戦の際は佐和山で留守居を務めていたが、敗戦の報を聞くと部下を関ヶ原に向かわせたが、自身は龍潭寺越《りょうたんじごえ》で琵琶湖に出て、船に乗り逃亡してしまった。

その記事に続き、次の話も載せる。福嶋次郎作は弓の名手であったが、矢種《やだね》が尽きたので山田嘉十郎の名前のある矢を寄手に向かって射ていた。すると、徳川家康がその働きを知って、敵ながら大武功の者であるから、所領を与える旨使者を通じて知らせてきた。福嶋は山田嘉十郎が逃亡したこと、射手は自分であることを伝えた上、矢種が尽きたので塩《えん》硝蔵《しょうぐら》に火をかけ自害してしまった。

ここでも、城兵の逃亡や自滅の記事が目立ち、徹底的な抗戦が行われた状況は読み取れ

三成をまつる龍潭寺（滋賀県彦根市古沢町）

ない。おそらく、関ヶ原本戦での西軍敗北、城内での長谷川等内応者の出現、攻め手の一万五千という圧倒的な軍事力を前に、佐和山籠城軍は、抵抗らしい抵抗もできず開城に応じたというのが実情であったのだろう。

婦女子の悲劇は事実か

　また、佐和山落城に際しては、多くの婦女が刺殺されたり、谷に身を投じたという話がある。事実、城内には女郎ヶ谷と言われる場所もある。また、佐和山城下の清涼寺に血の池と呼ばれる所があり、そこには夜になると女の顔が写し出されるという伝説もある。これは、落城にともなって死亡した婦女の霊と考えられている。

石田三成の家臣山田去暦《きょれき》の女《むすめ》「おあん」の経験談を物語風に綴った『おあん物語』には、大垣城に籠った三成家臣の子女が、落城の寸前に城から脱出する話が記されている。佐和山城でも、三成の妻らの命は確かに失われたかもしれないが、伝承のように大量の死者が出たかは大いに疑問であり確証がない。繰り返すが、思い半ばで敗死した三成の悲劇が、この佐和山落城にオーバーラップし、多くの犠牲が出たという伝承を生んだのではなかろうか。佐和山落城は開城に近いものであり、多くの死亡者が出たとは考えにくい。戦国の世は、今思うほど人命を軽視することはない。

おわりに——三成の改革が目指した社会と精神——

「惣無事令」の発見

石田三成が生きた戦国時代は、中世から続く戦国時代と、近世つまり江戸時代の間《はざま》にある時代である。まだ、一般には普及していないが専門家の間では、この時代を織豊《しょくほう》時代と呼ぶ。もちろん、織田信長と豊臣秀吉の時代という意味である。この時期、日本の社会で中世から近世への変革がなされたことは、多くの人が理解している。それは、通常、秀吉の「天下統一」という言葉で表わされる。戦国大名が割拠した乱世を、信長・秀吉が武力によって統一し、中央集権的な豊臣政権を成立させ、それが江戸幕府に引き継がれたというのである。

この日本の政治的統一は、けっして武力によってのみ行われたものでなく、しっかりした法的根拠が存在したことを見出したのは、藤木久志氏であった。昭和六十年に発刊された同氏の著『豊臣平和令と戦国社会』（東京大学出版会、一九八五年）は、秀吉によって編み出された「惣無事令《そうぶじれい》」を発見した名著である。天正十三年（一五八五）の秀吉の関白就任と共に、国内の領土紛争は関白の名の下《もと》に裁定し、大名同士の合戦を「私戦」として禁止する「惣無事」体制が創り出されたことを明らかにされた。島津攻め・小田原攻めは、この「私戦」を行ったことへの秀吉の「征伐」であり、伊達氏が減封の憂き目を見るのも、この「私戦」を行ったからであった。

この「惣無事令」による日本統一に、三成が大きく関与していたことは勿論である。「惣無事」体制を進める豊臣政権の一大名となるため、島津氏や佐竹氏などは三成に「指南」を受けて、近世大名として残っていく。この「惣無事」の方針は徳川幕府によって受け継がれる。しかしながら、この「惣無事」の下、三成が目指した国家像は、関ヶ原合戦での戦いの結果、江戸時代に受け継がれることはなかった。三成は秀吉の後継者たる豊臣秀頼を中心とし、彼ら奉行層が周囲を固める、先鋭な中央集権的な国家を夢見ていたと考えられる。しかし、現実は家康によって大名連合的で、緩和された中央集権国家が成立する。「惣無事」の下に成立した国家は、三成の望み通りにはならなかったのである。

村の「平和」の実現

しかし、この「惣無事」体制のもとで三成が行った経済的・社会的改革は、江戸時代の農村社会を規定した。江戸時代という社会体制が紆余曲折しながら、実に二百七十年という長期間継続したのは、この三成たちが築き上げた経済・社会システムが、きわめてよくできていたからである。戦後日本の体制は、五十年を経過した頃から悲鳴を上げている。だからこそ、今「構造改革」が叫ばれている。天皇制を基本に据えた明治維新の改革も、第二次世界大戦の敗戦により、百年持たなかったことを見れば、三成ら豊臣政権の改革は、驚くほどよくできていたと言わざるを得ない。

藤木氏は、「豊臣平和令」を、この政治的な「惣無事令」と、農村社会に向けての「喧《けん》嘩《か》停《ちょう》止《じ》令《れい》」、それに海上に向けての「海賊禁止令」によって成り立っているとした。この「喧嘩停止令」こそ、三成が行った「構造改革」を支えた法的根拠に当たる。この法令は、百姓同士の水や山をめぐる争いを「私戦」として禁止し、訴訟による「平和」的な解決を促したものである。「惣無事令」と同じく、一度この停止命令を無視して隣村と「私戦」に及んだ場合は、喧嘩両成敗のもとに秀吉政権は村に過酷な犠牲を強いた。それまで、農村では争いごとに農民が自ら武力をもって戦わなければならない「自《じ》力《りき》の惨禍」に見舞われていた。この苦悩から解放するために、農民から武力を取り上げる。それが「刀《かたな》狩《がり》令《れい》」だと説いたのである。

「刀狩令」は民衆から武力を取り上げて、一揆を起こさせなくしたという教科書的解釈しか知らなかった私は、この新解釈を知って愕然とした思いがある。つまり、「刀狩令」は農民を抑圧するためではなく、農村から武力を追放し、法に基づく秩序ある社会を作るために行われたというのである。事実、できあがった近世社会は、驚くほどの訴訟社会となり、多くの近世文書が現在に伝来することとなった。

二つの武力の追放

実は豊臣政権の改革では、農村から武器と共に、もう一つの武力を追放していた。それは、「村の侍」である。彼らは、戦国大名の家臣であり、その後帰農した者もあるが、多くが秀吉の家臣や、その陪臣となって豊臣政権に参加していた。戦国時代は村の大地主であり、多くの権益を農地に対して持っていた彼らの経済基盤は、村での大土地所有にあったのである。三成をはじめとする豊臣政権が行った太閤検地は、全国の耕地を正確に測り、生産高を正しく把握するという意図があったが、最も大切な目的は「村の侍」が持つ経済的権益を否定し、耕地を多くの耕作者に開放することにあった。戦国の「農地解放」とでも言える政策である。検地帳には小作料を取る「村の侍」の権利はまったく記載されず、耕作者の名前のみが記され、その所有権が保証された。太閤検地の意図が、戦国の「農地解放」にあったことがあまり語られないのは、秀吉政権の政策が正確に理解されない一因と言えよう。

この結果、経済的基盤を失った「村の侍」、すなわち秀吉政権の武士たちは、村に住めなくなった。それでも住む者は、武力も特権もない百姓になったのである。村に住めなくなった武士たちは、村を出て城下町に集住するようになる。江戸時代の社会には、農村は生産を行う農民が住む場所、町は消費を行う武士が住む場所という、区域的な住み分けが存在した。この仕組みは刀狩や太閤検地の結果、初めて成立したのである。これは考えてみれば、自己犠牲をともなう大変な「構造改革」であった。政権内部にいる武士たちの権益を、同じ政権内の武士が否定してく作業だからだ。当然反発も多い。江戸時代の大名や家臣が、形の上ではその所領を持ち得たのは、この反発を背に負った家康による反動が影響している。三成らの改革がそのまま進めば、明治政府のように、大名は中央からの任命制となっていたかもしれない。

三成の何を学ぶか

このように、三成ら豊臣政権が行った経済・社会改革は、二つの武力を村落から追放することだったのである。そのことによって、武士と農民が分離され、武力を独占した中央政権によって、村落の秩序を保つことができるようになった。兵農分離の意味する所である。村に武器があり隣村と戦い、「村の侍」が住み、絶えず住民が合戦に駆り出される状況では、安定的な経済発展は望めないことを、三成ら豊臣政権の奉行は痛いほどわかっていた。刀狩・検地といった豊臣政権の政策を三成が主導し、その実行を中心的に行っていたことは、本書の記述で明らかになったと思っている。この三成の主導した豊臣政権の改革は、まさに日本近世への「構造改革」であり、これなくして、日本は新たな時代を迎えることはできなかった。

残念ながら、歴史的にある社会は同じ構造であり続ければ疲弊する。あるいは、腐敗する。現在、「構造改革」が問われているのは、戦後の社会構造の改革が求められているのであろう。その「構造改革」の方向には、いまだ多くの議論があるが、衆目の一致するのは地方分権の推進だろう。つまり、時代は三成の時とは逆に、中央集権から地方分権への移行を問題としている。日本国民は一人ひとりが意識的に断固これを行わないと、新たな日本は生まれない。民主主義という人類の叡智が生み出した政治体制の基で、どうやって自己改革するかの試練が、国民に課されているのである。これを、他人ごとにしてはならない。自分の問題とする必要がある。

その際、四百年以上前に三成や秀吉が断行した「構造改革」の手法や内容については、学ぶべきことはそれほど多くないかもしれない。それは、封建国家というまったく異なる政治体制で行われた改革だからだ。しかし、政権内部に集う人々の権益を否定し、自己犠牲を払っても改革を行うという、三成や秀吉の「勇気」と「決断」を支えた精神は、現代でも学ぶべきものと言えよう。社会は「忠義」や「友情」では動かない。社会を正そうとする「正義」のみが、国や社会を変えていくと私は信じたい。三成には、それがあったのである。

石田三成年表

年号	西暦	年齢	事項
永禄三	一五六〇	一	この年に、坂田郡石田村（長浜市石田町）の土豪・石田十左衛門正継の次男として生まれる。幼名佐吉。
天正二	一五七四	一五	この頃、坂田郡大原庄の観音寺（伊香郡古橋村の法華寺三珠院とも）で修行中に秀吉に見出され、その近習となる。
天正一一	一五八三	二四	三月一三日、浅井郡尊勝寺の称名寺（長浜市尊勝寺）の僧・性慶に命じて、柳ヶ瀬に侵出してきた柴田軍周辺の動向を探らせ、秀吉に報告する。
			四月二一日、賤ヶ岳合戦に出陣する。「七本槍」に次ぐ戦功をあげるともいわれる。この年、近江国甲賀郡水口岡山城に封ぜられるともいう。
天正一二	一五八四	二五	三月二八日、秀吉に従い、小牧・長久手合戦に参陣する。
			一一月、近江国蒲生郡今在家村の検地奉行をつとめる。
天正一三	一五八五	二六	七月一一日、秀吉、従一位・関白に叙任し、関白の諸大夫十二人を置く。三成もこれに加えられ、従五位下・治部少輔に叙任される。
			八月六日、越中国の佐々成政を攻めるため、秀吉に従って京都から進軍する。
天正一四	一五八六	二七	六月一四日、小西隆佐と共に、和泉国堺の政所（奉行）に任命される。

天正一五	一五八七	二八	三月一日、秀吉に従って島津氏攻めのため大坂城を出発する。
			五月八日、島津義久、剃髪して秀吉に和睦を乞う。新納忠元は抵抗を続けたが、三成は忠元が拠る大口城に赴いて説得し開城させる。
			六月七日、秀吉、三成に博多町奉行を命じる。以後、博多町の町割を行い、貿易都市復興に着手する。
天正一六	一五八八	二九	七月、島津義久が大坂城で秀吉に謁見する労をとる。この年、堺町奉行を兄正澄に引き継ぐ。
天正一七	一五八九	三〇	この年、浅野長吉と共に、その家臣を派遣して美濃国を検地させる。
天正一八	一五九〇	三一	三月一日、秀吉に従って小田原北条氏攻めに出陣する。
			六月四日、三成ら諸将、武蔵国忍城に攻撃を開始する。しばらくして、忍城の南方面に長堤(石田堤)を築き、水攻めにする。七月一六日、忍城落城する。
			七月、この月、蒲生氏郷・浅野長吉らと共に、奥州仕置を命ぜられる。
			一〇月、奥州の旧大崎・葛西領に一揆が起こる。浅野長吉と共に、一揆鎮定の軍監を命ぜられ、相馬に下る。翌年一月まで在陣。
天正一九	一五九一	三二	四月、この年、豊臣直轄領代官として佐和山城主となる。
			四月、南部地方で九戸政実が反乱を起こし、旧大崎・葛西の領民もこれに応じて蜂起する。浅野長吉と共に軍監を命じられ、奥州へ下向する。九月まで。

文禄元	一五九二	三三	二月二〇日、朝鮮半島へ出兵諸準備のため、兵二千人を率いて、秀吉に先立って名護屋城に向かう。
			六月三日、増田長盛・大谷吉継と共に、在朝鮮軍の総奉行を命じられて渡海する。
			七月一六日、漢城に入り、諸将を招集して軍議を開く。
文禄二	一五九三	三四	六月二八日、名護屋城にて、和議七ヶ条を明使に提示する。この条約には、秀吉が署名し、三成・長盛・吉継・小西行長が副署する。この年、兄の正澄が従五位下・木工頭に叙任される。
文禄三	一五九四	三五	九月三日、母の葬儀を大徳寺三玄院にて執行する。
			九月一四日、島津氏の領国(薩摩・大隅・日向)の検地を命ぜられ、家臣の大音新介らを奉行として派遣する。
			一〇月、佐竹氏の領国(常陸・陸奥磐城・下野)の検地を命ぜられ、家臣の藤林三右衛門らを奉行として派遣する。
文禄四	一五九五	三六	六月二日、秀吉の命により、増田長盛・前田玄以らと共に聚楽第に行き、秀次の行状を糾明し誓紙を求める。秀次、翌月切腹を命じられる。
			七月、北近江四郡を所領として得る。
慶長元	一五九六	三七	一月二三日、増田長盛・前田玄以・長束正家と共に、連署血判して秀頼に忠誠を誓う。
			三月一日、領内の蔵入地・給人地に掟書を出す(九ヶ条掟書・十三ヶ条掟書)。
			六月二二日、明国の講和使節・楊方亨と沈惟敬等が堺から大坂に入るのを接待する。

慶長二	一五九七	三八	二月二日、朝鮮再派遣軍の部署が定められ、熊谷直盛、福原直高ら七名が軍監に指名される。 二月一六日、蒲生秀行の旧領検収のため、会津に赴く。 五月二九日、小早川秀秋の旧領代官として、筑前に赴く。
慶長三	一五九八	三九	八月一八日、秀吉、伏見城で病没する。 八月二八日、在朝鮮軍を撤収させるため、毛利秀元・浅野長政と共に博多に下る。
慶長四	一五九九	四〇	一月一二日、片桐且元邸にいた徳川家康の襲撃を企てる。 閏三月三日、加藤清正・福島正則・黒田長政ら七将の襲撃を受ける。 閏三月一一日、徳川家康の勧告を受け、佐和山城へ引退する。
慶長五	一六〇〇	四一	七月一一日、大谷吉継、佐和山城へ入り三成と家康討伐の盟を結ぶという。 七月一七日、三奉行（長束正家・増田長盛・前田玄以）の名で、家康討伐の檄文を諸大名に発する。 九月一五日、西軍を率い、関ヶ原で徳川家康が率いる東軍と戦うが敗戦。三成は伊吹山中に逃走する。 九月一七日、佐和山城が落ち、父・正継や兄・正澄ら一族自刃する。 九月二一日、近江国伊香郡古橋村にて、田中吉政の手で捕らえられる。 一〇月一日、小西行長・安国寺恵瓊と共に、京六条河原で処刑される。

古文書釈文集

【1】石田景俊等連署状（25頁）

寺家御知行」分事、自以前」不可有相違之由、」為竹熊殿
様被」仰付候処、競望」族候由承候、言語」道断次第候、
肝」要候、御百姓中御」催促候て、早々可被」全寺納候、
猶以於」有違乱仁躰てハ」可及大儀候、殊為御」上使重
而被成」成敗候間、定而不可」有相違候、此分能々」可
有御承知候、恐々」謹言、

上坂いよ

九月十六日　家信（花押）

上坂五郎兵衛尉

秀信（花押）

石田式部丞

景俊（花押）

観音寺公文所御房中

（大原観音寺文書）

【2】石田正継書状（33頁）

尚以、彼下地年貢事、」右之通相済候者、急度」可申付
候、此外不申、」
態御別紙令拝見候、」仍彼下年貢之事、」此間も切々申遣
候へ共、」然々と心得不行候、尚以」急度可被遣候、自余之」
田地之事ハ、我等哉も」不案内ニて、今度押」置候下地
壱反之事ハ、」我等之家より奇進」不相粉様ニ存候、此義
を」更ニ可落給と申候儀」にても無之由候、寄進」物に
て無之旨被仰候間」不審之由候、右壱反分」の事、寄進
状なと」有御披見、此方奇進」ニて候者、惣別御うけこい」
候て可然存候、いわれたる」てまを被入御事候哉、猶以
彼年貢分之事、」此方奇進物之由候、それを不及なと被仰
出、」一端つり申も尤ニ存候、」此方より奇進候事」御心
得之由候者、年貢之事、」則申付可進之候、」聊以不可有
別義候、其」御心得簡要候、奇進田を」無御存知なと被
仰候事も」御出家ニ不似相候、如蒙仰候、」此方奇進にて
なき事ニ候者、」歎かハしく存申候、無是」非候、旁以而
可申候、恐惶」謹言、

石十左

九月十八日　正継（花押）

［　　］
年行事御報　　　（大原観音寺文書）

【3】石田正澄条々写（41頁）

条々

一、納米之事、口米石に弐升」ツヽ、此外やく米むしろは
らい」一切とり申ましき事、
一、馬之ぬかわら取候ハヽ、年貢に」さん用可申候事、
一、竹木自分之林たり共、一切」きりとり申ましき事、
一、他所へ奉公并はりし候」百姓在之者、召返可申事、
一、毛付之田地あれ地に引かへ」申ましき事、
右条々相そむくやから」在之者、罷越可申上候也、
文四
九月廿日　石田木工頭（花押）
伊香郡古橋村
百姓中
（古橋村高橋家文書）

【4】石田三也書状（45頁）

尚以連々申承候」儀、猶又少も如在」存申間敷候、尚
近々」可得御意候、以上、
一昨日廿一日之御状」昨日廿二日ニ拝見」畏入存候、洲
関を」被出、菅平右家」来を被討捕、其」上生捕、誠御手」
柄共可申様無之候、」即権兵衛より増田」仁右衛門尉方迄
被上候」間被致披露候、」猶又同時ニ貴所」事御取成可申
候処、」秀吉少々御気相」悪候て、面へ無御」出候間、重
而御手」柄之通可申上候、」於時宜者可御心」安候、随而
内々被」仰聞候御知行」被下候事、先度権兵」へも、次
兵へも申入候」へハ、少も如在有間」敷由、於此方被申」
候へ共、如此候儀不及」是非候、何も秀吉へ」重而可申
上候、恐々」謹言、
石田左吉
正月廿三日　三也（花押）
広田蔵丞殿
御報

【5】石田三成書状（46頁）

猶以、右分候間、」蔵丞申分、貴所様へ」御理申、筑州
様為御扶持、」広田勘丞本知分」申請度との内存ニ候、」

秀吉様へも大かた」申上候へハ、さし出も」相済、権兵衛ニ成」御尋、可被仰付之由候を、」蔵丞申ハ、もし其内ニ」権兵衛御はからいとして、」何かたへも不被仰付様ニ」との申事候、可被成」其御意得候、万事」此仁事、貴所様」被懸御目候て被成」御扶持候ても、御知行高知」そつニ不成仁と相」聞之候、被懸御目度」存候、尚期後音候、」已上、

先度罷帰候刻、」御暇乞をも不申、」御残多次第候ニ、併」手前取乱故、非」如在候、随而広田」蔵丞、先度洲本」御破候時、御忠節」申候ニ付而、其刻御折」紙被下候手筈ニ」より、一段与御懇ニ」明石にても御礼申」上、又只今も姫路へ」罷越御礼申上候、」然者蔵丞被遣候、」御折紙之面ニも、御」知行等其国にて可被」下旨候つる、此刻候条、」我等申上、御扶持被成候」様ニと申候事候、早」秀吉様へも内儀申上」候へハ、大形異儀有間」敷由、御口相聞候へ共、」未貴所様へ御折紙なと」被遣候事無之候間、」御折紙之儀者、我等」命延慮候、貴所御前」いか、敷候条、当分我等」御取次申候まゝ、万事懸」御目候て「　」、恐々謹言、

石田佐吉

八月廿「　」三成（花押）

千権兵衛様「　」御中

【6】石田三也書状（47頁）

尚以、筑州より」御直礼にて被仰」候之間、為我等不直礼候、已上、」

柳瀬ニ被付置候」もの罷帰候とて、」御状御使者口上」趣具申上候處、」一段御満足之儀候、」重而も彼地人を」被付置、切々被」仰上尤存候、」尚、近々可申承候、」恐々謹言、

石田左吉

三月十三日　三也（花押）

称名寺　貴報

（称名寺文書）

【7】豊臣家奉行人連署状（58頁）

為御意、急度」申入候、

一、日用取之儀、従去年」堅被成御停止候處、」諸国之百姓等田畠を」打捨罷上候ニ付て、」被加御成敗、所々ニ」はた物ニかけさせられ候、」然者、向後日用取」召仕候

族於有之者、」とらへ可申上候、則」召仕候者之跡職」
訴人に可被下候旨、」被仰出候条、可被」得其意事、

一、知行それ〳〵ニ」被下候処、人を不相」抱故、日用を雇候」
儀、曲事ニ思召候事、

一、御代官・給人、殊百姓」若も非分之儀申懸」故を以、
百姓逐電」仕ニをいてハ、以御」糾明候上、代官・給人」
可為曲事之旨候、」恐々謹言、

徳善院
二月十五日　玄以（花押）
長束大蔵
正家（花押）
石田治部
三成（花押）
増田右衛門尉
長盛（花押）

上坂八右衛門尉　御宿所

（上坂家文書）

【8】豊臣家奉行人連署状（60頁）

為　御意急度」申入候、在々麦」年貢事、田方」三分壱
納所可」被申付旨　被仰出」候条、其方知行分、」遂内検
帳を□、可」有納所候、右帳面ニ」若麦田分隠置」候者、
御給人可為」越度旨被　仰出候条」可被入御念候、恐々」
謹言、

増右
卯月二日　長盛（花押）
長久
正家（花押）
石治
三成（花押）
徳善
玄以（花押）

上坂八右衛門殿　御宿所

（上坂家文書）

【9】石田三成覚書案（66頁）

覚

一、今度就検地浦役之事、年貢つ」もりニもり付候歟、不
然者当座〳〵」見計可申付候、其村浦之躰ニより」可
申候之条、何篇公方へ上り可申物、令」分別帳ニ可書

載事、

一、山役之儀右可為同然事、

一、綿之事、兎角公方へ上り可申」物ニ候間、米成にても、又綿にて成共、百」性も迷惑不仕様ニ、」又公方之失墜も」不行様ニ、其所之桑之有様躰見合」つもり候て、帳ニ可書載候、然上者桑之」在之屋敷并畠、何も上畠ニて不可在之事、

一、藪之事、其藪〱ニて、とし〱ニ十」分一きり、十分一之内を、藪主ニ十分一」可遣之候、たとへハ百本在之やぶニて、一年ニ」竹拾本きり、九本ハ公方へ上り、一本」藪主とり、九拾本ハ藪ニ立置事ニ相」定可書付事、

一、くろかねの事、是又見斗年貢つ」もりニ成共、未つもりニ成共可仕候、公方へ」上り物ニ候間、但ほり申をも迷惑不仕」様ニ、念を入つもり可申付事、

一、茶ゑん之事、年貢をもり申」間敷候、検地仕候上ハ公方へ上り可申物ニ」あらす候、但ちやゑん在之屋敷并畠検」地之時分心持あるへき事、

一、漆之事、是又其村々ニて大形見計、米」つもりニ成共、又ハ銭つもりニ成共、但シ」うるし成共相共定可書載、是ハ屋敷ニて」無之所在之うるし事にて候、畠ニ在」之うるしも畠主進退たるへき也、上」分ニハ成ましき也、然ハうるしの木在之」屋敷并畠、上畠ニて可在之事、

一、寺社并侍之居屋敷、又ハ町屋敷之事、」検地を相除分、書立を以相定上ハ、」其外ハ何も検地可仕事、

一、其むら〱ニて庄屋・肝煎此両人」居やしき斗可相除事、

一、樹木之類何も今迄之地主・百姓進」退したるへし、公方へ上り物ニて在之間」しく候事、

一、川役の事、其むら〱ニて見計、」年貢相定可申事、

已上　石治少様　在判

文禄三年七月十六日

薩州奉行中

（長谷場文書）

【10】石田三成書状（68頁）

猶以其表無異議」由尤候、今少之間ニ候」条、諸事無御油断」御在番専一候、以上

先度之御報相」届、就其為御礼」預御使翰、兵部（犬童頼兄）」重而被指上候、然者」最前如申合、御国」検地者此比下置、御」馳走之可申覚語（悟）候」處、両使如存知之、」爰許以外繁多ニ候」間、当年者可被指」延候、更非御等閑候、」将亦白布

弐百端」被懸御意候、御懇意」之至候、委曲御使ニ申」
含候間、書中」不具、恐々謹言、
石治少
七月廿三日　三成（花押）
相良宮内太輔殿
御返報　（相良家文書）

【11】石田三成書状（70頁）

以上
嶋井宗室事、」御用被仰付、至」高麗渡海候、然者彼」仁
宿本之儀、誰々ニ」よらす御陣取可被」相除之旨、被仰出候、
可」有其御心得候、恐々謹言、
石田治部少輔
正月廿五日　三成（花押）
博多町中
御陣取衆中　（嶋井家文書）

【12】石田三成書状（71頁）

以上
態申越候、先日」差上候使者ニ巨」細申下候へ共、重而」
申下候、上方無事ニ候」条、可心安候、次両筑」此方代
官と百姓」自然出入於在之者、」其元被聞合候而、」諸事
可被相済候、」是又無由断候様ニ」尤候、恐々謹言、
治部少
八月廿八日　三成（花押）
宗室かたへ　（嶋井家文書）

【13】石田三成年貢皆済状（73頁）

当郷年貢免相之儀、田畠ニ」立毛之上、見損ニさため定
成之分、」今日悉皆済之条、下代小請取」とりあつめ只今
如此、我等一枚請取」遣候、今日よりあとの下代小うけ取」
在之候共、ほうご（反故）たるへき也、如此候間、」下代今年未進
在之由申候とも、承」引仕間敷候、仍皆済状如斯、
慶長三年
十二月廿五日　治少㊞

志摩郡
板持村中　（朱雀文書）

【14】石田三成九ケ条掟書（74頁）

条々
一、春秋執納之事、田不以前ニ代官」見及、其田ニて□見そん（損）ニ可仕事、
一、めんあひ百性と代官ねんちかい（念違）の田畠」有之者、何も苅分ニいたし（致）、三分壱作徳ニ」遣、三分弐可運上事、
一、納様之事、御年貢持て来、其百性」不寄上手・下手、あげてはかり（計）、壱石ニ弐枡」指米を可出候事、
一、筵払取之事停止の間、たとい（縦）納候」者取可申由申候共、出候百性可為曲事、
一、年貢米五里ハ百性持て可出之事、
一、五里之外者、百性之隙に、飯米を遣」持せ可申事、
一、田畠何にようすうへ（植）付申候物を可運上事、
右七ケ条、背く族あらは、百性代官ニ」よらす遂糾明、曲事ニおこなふ（行）へき事、
一、百性庄屋并隣郷と公事筋相論の事」あり共、七月十五日の中ニ申上間敷候、其」故者耕作仕付申さハりに成候間、詮」作有度事あり共、此法度之旨ニまかせ（任）」令堪忍、七月十五日過郡奉行ニうつたへ」可申候、如此相定候、七月十五日過郡奉行ニうつたへ（訴）」可申候、如此相定候、七月十五日内ニ申上族」あらは、たとい理たりと云共、其者可為曲事、
一、先代官・給人之時、めし失候地下人、我等へ」不申理還往可為曲事、右条々如件、
慶長三年
六月廿二日　治部少（花押）
筑前国志摩郡
在々　（朱雀文書）

【15】豊臣秀吉朱印状（80頁）

其面之儀、相越絵図」申越候通被聞召届候、」水責普請之事、無由断」申付候者尤候、浅野弾正・真田」両人重而被遣候間、相談弥」堅可申付候、普請大形出」来候者、被遣御使者、手前ニ」可被為見候条、成其意各」可入精旨、可申聞候也、

六月廿日　朱印

石田治部少輔とのへ（埼玉県立博物館蔵文書）

【16】豊臣秀吉朱印状（91頁）

定

一、今度以御検地之上、被作相定年貢米銭之外、対百姓臨時」非分之儀、一切不可申付事、」

一、盗人之儀、堅御成敗之上者、其郷其在所中として聞立、有様ニ」可申上之旨、百姓以連判致誓紙可上之、若見隠聞かくすニ付而ハ」其一在所可為曲事、」

一、人を売買儀、一切可停止之、然者去天正十六年以来ニ売買族被」作棄破之条、元のことく可返付、於向後人を売ものゝ事ハ不及申、」買もの共ニ曲事候間、聞立可申上之可被加御褒美事、」

一、諸奉公人者面々以給恩其役をつとむへし、百姓ハ田畠開作を専ニ可仕事、」

一、日本六十余州在々百姓、刀・わきさし・弓・鑓・鉄炮一切武具類持候事」御停止ニ付而悉被召上候、然者今度出羽・奥州両国之儀、同前ニ被仰付候条、」自今以後自然所持候百姓於在之者、其ものゝ事ハ不申、其郷共ニ」可為同罪事、」

一、在々百姓他郷へ相越儀有之者、其領主へ相届可召返、若不罷帰付而ハ、」相拘候もの共ニ可為曲事、」

一、永楽銭事、金子壱枚ニ弐拾貫文宛、ひた銭にハ永楽一銭ニ可為」三銭立事、」

右条々若於違犯之輩者、可被加御成敗者也」

天正十八年八月十日　朱印

石田治部少輔とのへ

【17】豊臣家三奉行連署書状案（99頁）

追而申上候、黒田甲斐守罷通候、」路次筋改置候、兵粮注文」進上申候、但これハ本道筋」にても無御座候、こもかいくち」と申候て、わきの道筋にて」御座候、以上、当国之儀各以連判　御」注進申上候、可然御透ニ」御披露候て可給候、

一、大明国へ年内乱入事、」先手へ申遣跡々の衆」可押詰之

由令相詰候之」處ニ、小西都へ罷越、さき〱」兵粮已下も無之、其上越」寒天如何之由申候、又跡々」路次無人にて、返路不執候」付而、先被仰付国郡へ入渡り」所務申付可静申返、各」致相談、得　御諚候事、

一、此已前其方にて御注進承候と」令相違、何も国郡静謐不」仕候、乍恐年内にも遼東相」越大明国へ乱入候共、先之手ニ」立者も在間敷候へハ、朝鮮」国事ハ釜山海より遼東迄」の間、つなぎ〱に置可申人」数無之に、二百三百置申分」いてハ中々籠城にても」有之事も成ましき躰ニ候、」拙者ハ御注進状を有やうの」通申上候事、

一、右之分ニ付而先々当国へ入」わたり所務等をも申付、相」静可申旨申談候、此絵図」に書付のことく各請取〱」罷越候ても、日本之一ケ国」程へ人数千二千ほと参候分」にてハ山中にて差合程遠」候之間、所務等之儀も十分」にハ難申付事、

一、小西・小野木先手より罷越」候て申候ハ、唐人為加勢加之」相越朝鮮人数加、小西・小」野木陣所へ三万計にて」取懸候之間、及一戦追崩、」千計討捕候由候、小野木」弟又六なとも討死仕候、」何之□何之国［　］四人」成敗仕候も、追崩数多討」とり候へハ、敵五百も千もころし」候へハ、此方の者も五十・百ツ、相」果候、又手負以下も候へハ、」勝申候内ニ日本人ハ無人ニ罷成候間、年内之儀如此」先国郡治、今年ハ如何候条」丈夫ニ申付候事、

一、此已前切々可申上處、各先へ」渡海候衆、関東・北国・中国なとの」やうニ程遠国々へ相こし候へ者」先手も押詰之赴申届候内ニ」日数相のひ候、其内ニハ指越も無之付而」令延引候、御次而にハ無油断」之通可被御取成候、猶追々可申入候、」恐々謹言、

長束大蔵殿　　増田右衛門尉
木下半介殿　　大谷刑部少輔
石田木工殿　御陣所　　石田治部少輔

（佐賀県立名護屋城博物館蔵文書）

【18】石田三成麦掟（113頁）

(朱印)
当なつより、しよこくむぎ年貢、田方三分」壱納可申旨、御意ニ付而、可納やう、又おさ」むまじき田畠之免之事」

一、田にむぎをまき申分ハ、其田〱の麦毛の」うへにて

みおよび、三分壱きう人ニ納をき、」すなはち其地下に
くらに入、あつけおき」可申事、付升ハ我等判のます也」
一、むぎまかぬ田にハ、いらん申分あるまじき」事」
一、はたけ・屋しきにハ、たとひ麦まき申候共、」いらんあ
るまじく候事」
右、如此安宅三河ニ申付候間、もし」此外ひぶんな
る儀これらハ、此方へ」可申上者也、
慶長弐年
四月廿日　治部少 ㊞
あさい郡
上八木村百姓中

【19】須藤通光書状（116頁）

尚々先日之上使」衆伏見へ罷上、」其地ハ免許之儀」各
理運を面々御立候」と申て、治部少もちと」腹立候由候間、
各二・三人」程御出候て御尋尤候、」拙子へ各無如在通、」
柏彦右へ申渡候、」以上」
態申入候、今度」佐和山惣構」御普請ニ付て、」四郡之百
姓何も」普請を被申」付候、然者長浜」町之内ニも少成」
共、物を作候衆へハ」今度の御普請」可申付之由、堅」
三成も被仰下候、」御免許之儀、」三成も渕底御存」知之
事ニ候へ共、」今度之普請者」少之間之事ニ而、」いつれ
も雇可申」との御事候、柏原方」申分も御入候間、御」
大儀候共、御宿老衆」之内二・三人程御」越て、様子御談
合」尤候、為其態々申候、」恐々謹言、
須権右
二月十六日　通光（花押）
長浜町
御宿老中
御宿所
（下郷共済会蔵文書）

【20】伊香郡内黒田町村掟条々（120頁）

伊香郡内黒田町村掟条々
当郷家数九拾五間之内
一、六拾五間　後家・やもめ・寺・出棒
其ほか奉公人・物不作
一、卅間　夫役人

右用不立引、此卅間としてつめ」夫弐人相つめ可申候、此外かつて出す」へからす、此村へ他郷より出作又ハ地」下ニ田作り候て、夫不仕者よりいたす」夫米ハ、右之弐人の詰夫の入用ニ可仕候、」出作分おほく候て夫米あまり候ハヽ、」地下のとく用たるべし也、

一、ねんぐのおさめやうの事、田から」ざるまへに田がしらにて見はからい、免」の儀相さたむべし、若きう人・百姓」ねんちかいの田あらハ、升づきいたし」免さため可申候、なを其うへ給人・百」性念ちかひあらば、その田をみなかり」候て、いね三ツにわけ、くじ取いたし、」一ぶんきう人、一ぶんハ百姓さくとくに」取可申候、壱石ニ弐升のくち米あげニ」はかり、ひとへだはらにし、そのぬし〱」計申候か、又其身はかり申事ならぬ」ものハ、中のはかりてをやとひ、はからせ可」申候、ますハたゞいま遣す判の升にて計」可申候、さいぜんけん地衆の升ニふとき」ほそき候間、中を取ためハせつかわす也、」五里は百姓もちいたし可申候、五里の外」二・三里ハ百姓隙々すきにはんまいを」給人つかハしもたせ可申候、此外むつかし」き儀有ましき事、

一、此村定夫之事、今後家をつけ夫」役仕候者書ぬき、如此つめ夫さだめ候、」此外給申とて出し候ハヽ、百姓もくせ」事、又きう人もくせ事ニ候間、きヽ付」次第百姓之儀ハ申におよハす、きう人」其人により、それ〱にくせ事ニいた」すへき事、

一、此村之田よのむらよりつくり候ハヽ、壱石ニ」弐升の夫米取可申候、当郷よりよの村の」田つくり候ハヽ、壱石ニ弐升ツ、つかハすべし、」又我等蔵入之田を当村より作り候ハヽ、壱」石ニ壱升ツヽ、遣し可申候、しぜんこの」むらへ入作おほく候て、夫米詰夫のざう」ようにあまり候ハヽ、此地下のとくように」いたすへき也、又此地下の内ニ田はたつ」くり候て、其身夫に出候事ならぬもの」あらば、夫米出作なミたるべき事、

一、出作之儀にいたつてハ、他郷よりあげ候儀も」無用たるべし、又他郷のを作り来候を」あげ候儀も、たかいにちやうしの事、

一、当村之百姓之内、さんぬる小田原御」陣の後、ほうこう人・町人・しよく人に成」よそへまいり候ハヽ、返し候へと御法度ニ候間、」きヽたてきう人に可申候、たとひよの」さとへまいり田を作り候共、もとのむらへめし」返し可申候、又よそのむらの百姓罷越」居候共、

地下中ニか丶へ申ましく候、自然」か丶へ申者候ハヽ、
其者の事ハ申にをよ」ハす、地下中曲事たるへき事、
一、何事ニよらす百姓めいわくの事候ハヽ、」めやすニてそうしやなしにそせう可申候、」又如此申とてすちなき事を申たきま丶ニ」申候ハヽ、きうめいのうへけつく其身曲」事たるへき間、かねてよく下ニてせん」さくせしめ可申上事、
一、定夫の外ニも、地下中又ハ里となりあり」きなとにハ、給人につかわれ可申事、」
一、此村もし我等蔵入に成候ハヽ、まへかとより」蔵入之むらへ遣し置候法度書をもちい」これハほんごたるべき事、
一、作しきの儀にいたつてハ、此れさき御」けん地の時、けんち帳に書のり申もの丶」さばき二仕、人にとられ候事も、又むかし」我かさくしきと候て、人之をとり申事も」ちやうしせしむる也、付給人に見せ」すかり取田ハ、免つかハし申ましき」事、
右、九ケ条如件、

文禄五年

三月朔日　治部少（花押）

（黒田区有文書）

【21】石田三成書状（150頁）

（端裏ウハ書）
「真房州　　石治少
御報　」

去廿一日ニ両度之御使札」同廿七日於江佐ニ到来令」拝見候、
一、右之両札之内、御使者持参」之書ニ相添、覚書并御」使者口上得心候事、
一、先以今度意趣、兼而御知も」不申儀、御腹立無余儀候、」然共内府在大坂中、諸侍」之心いかにも難計ニ付而、言」発儀遠慮仕畢、就中」貴殿御事迚公儀無御」疎略御身上之候間、世間如此」上者、争と丶こほり可在之候」哉、いつれも隠密之節」申入候ても、世上不成立ニ付てハ」御一人御得心候ても無」専儀と存思慮、但今ハ」後悔候、御存分無余儀候、」然共其段ももはや不入事ニ候、」千言万句申ても、」大閤様御懇意不被忘」思食、只今之御奉公所」希候事、
一、上方之趣、大方御使者」見聞候、先以各御内儀」かた

大形少馳走被申候条、」可御心安候、増右・長大・徳善
も」同前ニ候、我等儀者使者如」被見候、漸昨日伏見迄」
罷上躰ニ候、重而大坂御」宿所へも人を進候而、」御馳
走可申候事、
一、今度上方より東へ出」陣之衆、上方之様子被」承悉帰陣候、
然者於」尾濃令人留、帰陣之衆」一人〳〵之所存、永々
之儀」秀頼様へ無疎略究仕、」帰国候様ニ相分候事、
一、大略無別状、各々無二之」覚悟ニ相見候間、御仕」置
ニ手間入儀無之事、
一、長岡越中儀、大閤様」御逝去已後、彼仁を」徒党之致大将、
国乱令」雑意本人ニ候間、即丹」後国へ人数差遣、彼居」
城乗取、親父幽斎在城へ」押寄、二ノ丸迄討破候之」處、
命斗赦免之儀」禁中へ付而御詫言」申候間、一命之儀
被差」宥、彼国平均ニ相済」御仕置半候事、
一、当暮来春之間、関」東為御仕置可被差」遣候、仍九州・
四国・中」国・南海・山陰道之」人数、既八月中を限」
先江州ニ陣取并」来兵糧米先々へ可被」差送之御仕置
候事、
一、羽肥前儀も対公儀」毛頭無疎意覚悟ニ候、」雖然老母江
戸へ遣候間、」内府へ無疎略分之躰ニ」先いたし候間、
連々」公儀如在不存候条、各御」得心ニて給候へとの申」
され分ニ候事、
一、ケ条を以蒙仰候所、是又」御使者ニ返答候、又此」方
より条目を以申儀、」此御使者口上ニ御得」心肝要候事、
一、自此方三人使者遣候、」右内一人ハ貴老返事次」第案内
者そへられ、此方へ」返可被下候、残弐人ハ会」津へ
之書状共遣候条、其」方より慥なるもの御そへ」候て、
ぬまた越ニ会津被遣」候て可有候、御在所迄返」事持
来帰候者、又其方」より案内者一人御そへ」候て上着
侍申候事、
一、豆州・左衛門尉殿以折紙」雖可申入候、貴殿御心得」
候て可被仰通候、委曲御」使者可被申伸候、恐惶」謹言、

七月晦日　　三成（花押）

真房州
　御報

（真田家文書）

【22】石田三成書状（151頁）

返々度々御こんし」しゅちゃく仕候、」尚これ」御めに
かゝり、申」可承候、以上、
おほしめしより、度々の」御礼、殊にさい〳〵御たつね」

に候つれ共、煩ゆへニ」申不承候、はや煩」もよく候間、
相つもる事共」申可承候、度々」忝く候、謹言、
廿七日　三成（花押）
（封）さいつ様　御返　石治少　（彦根市立図書館蔵文書）

【23】石田三也書状（160頁）

尊書并為御使者」被差上大石播磨守（芳綱）方、」御太刀一腰・御馬一疋鴾毛、」則申聞候処、御懇慮之段、」畏被存之通被及御報候、」就其向後相改別而御入魂」旨、逐一被得其意、以誓紙」被申入候、大播請乞以筋目、」弥幾久被仰通目出可存候、」将又私へ御馬一疋河原毛・白布」五十端被送下候、忝次第候、」此等之趣宜預御取成候、恐々」謹言、
（天正十一年）
六月廿八日　三也（花押）
直江山城守（兼続）殿
狩野讃岐守（秀治）殿
（大石文書）

【24】石田三成書状（162頁）

先日預御細書、則及返報候、内府方一昨十八日伏見出馬ニテ、兼々調略任存分、天ノ与ト令祝着候、我等モ無油断支度仕候間、来月初差佐和山罷立、大坂可令越境候、輝元・秀家其他無二ノ味方ニ候、弥可安御心候、其表手段承度候、中納言殿へモ別書申遣候、可然御意得奉頼候、恐惶謹言、
石治
六月廿日　三成
直江山城守殿
御宿所
（『続武者物語』所収文書）

【25】石田三成等連署禁制（169頁）

はやしむら
一、当手軍勢於此村竹木の」外、なに事によらす乱妨」狼籍少も仕ましく候也、
慶長五　治少
八月廿七日　三成（花押）
小にし　行長（花押）
羽兵庫　惟新（花押）

備中
秀家（花押）　（顕性寺文書）

【26】石田三成等連署禁制（169頁）

あかさか　さいゑん寺

禁制

一、当手軍勢乱妨狼籍事、
一、伐採竹木之事、
一、放火之事、
右条々、於違背者、速可」處厳科者也、仍如件、

慶長五
九月五日　治少（花押）
摂津守（花押）
兵庫（花押）
秀家（花押）

（西圓寺文書）

【27】石田三成生捕覚書（179頁）

嘉永七寅年四月十三日九ッ時、越前の家中」大関彦兵衛・田中勘助帰国之砌、立寄り」むかし石田のいわれを尋ねるとて来臨」被申けるは、我先祖田中伝左衛門由来に、」古橋村名主次左衛門縁の下に居る石田三成ヲ」生捕たと書て有故、此方ニ其いわれ書たる」ものハなき哉、其節の品物てもなき歟、何ぞ」言伝への事ハなき哉と被申也、何も書留たる」もの無御座、石田ハ当村ニ而とらわれとなり」給ふとい丶伝へて有計り也と答へ申、」各々御清名ハと尋るに

今来りし人ハ　越州家中
大関彦兵衛
田中勘助と」被書置たり

田中兵部少輔家臣田中伝左衛門
三成ヲ生捕、
右ハ関ケ原軍記
廿七巻目ニ見へてあり

此衆、当家ニ古き物有らハ、見せと有るニ付、」御朱印之御禁制、並大閤秀吉公ノ御墨付、」其外鑓・長刀・脇指・刀等見せ申也、悦て」退失、今晩ハ柳か瀬泊リニして、明日は」帰るとの事也、鑓持壱人召連、余ハ馬上村より」木之本へ廻し、賀籠・馬・道具・荷物共先キへ遣シ」候よし被申居候也、

（高橋家文書）

主な参考文献

全体に関わる著作

渡辺世祐『稿本　石田三成』（一九〇七年）
今井林太郎『石田三成』（吉川弘文館、一九六一年）
安藤英男『石田三成』（新人物往来社、一九七五年）
桑田忠親『石田三成』（講談社、一九八二年）
白川亨『石田三成の生涯』（新人物往来社、一九九五年）
小和田哲男『石田三成　「知の参謀」の実像』（ＰＨＰ研究所、一九九七年）
歴史群像シリーズ55『石田三成』（学習研究社、一九九八年）
市立長浜城歴史博物館『石田三成—秀吉を支えた知の参謀—』（一九九九年）
市立長浜城歴史博物館『石田三成　第二章—戦国を疾走した秀吉奉行—』（二〇〇〇年）

一　三成の誕生と出仕

朝尾直弘「豊臣政権論」（岩波講座「日本歴史」9　近世1、一九六三年）

二　秀吉の家臣として

伊東尾四郎編『福岡県史資料』五（名著出版、一九七一年）
稲本紀昭「豊臣政権と島津氏」（『赤松俊秀教授退官記念国史論集』、一九七二年）
『福岡県史』近世資料編　福岡藩町方　一（一九八八年）
阿部勝則「豊臣五大老・五奉行についての考察」（『史苑』49‐2、一九八九年）
山本博文『幕藩制の成立と近世の国制』（校倉書房、一九九〇年）
『福岡県史』通史編　福岡藩文化（一九九三年）
本多博之「豊臣政権下の筑前」／「豊臣政権下の博多と町衆」（『西南地域史研究』一一、一九九六年）
福岡市博物館『博多の豪商　嶋井宗室展』（一九九七年）
小竹文生「豊臣政権の九州国分に関する一考察」（『駒沢大学五五、二〇〇〇年）
播磨良紀「豊臣政権と豊臣秀長」（三鬼清一郎編『織豊政権の政治構造』、吉川弘文館、二〇〇〇年）
堀新「「豊臣体制」と初期徳川政権」（『歴史読本』二〇〇〇年三月号）
伊藤真昭『京都の寺社と豊臣政権』（法藏館、二〇〇三年）
阿部勝則「豊臣政権の権力構造」（『武田氏研究』

一〇、一九九三年）

三　天下人秀吉と三成

『神奈川県史』資料編　六（一九八〇年）
『常陸太田市史』通史編　上（一九八四年）
『茨城県史』近世編（一九八五年）
佐賀県教育委員会『文禄・慶長の役城跡図集』（一九八五年）
鳥居和郎「毛利家伝来の小田原合戦関係絵図について」（『おだわら―歴史と文化』四、一九九〇年）
佐賀県鎮西町『太閤秀吉と名護屋城』（一九九三年）
歴史群像シリーズ35『文禄・慶長の役』（学習研究社、一九九三年）
財団法人千秋文庫『千秋文庫所蔵　佐竹古文書』（一九九三年）
横浜市歴史博物館『秀吉襲来―近世関東の幕開け―』（一九九九年）
市村高男「戦国末～豊臣期における検地と知行制」本多隆成編『戦国・織豊期の権力と社会』（吉川弘文館、一九九九年）
小林清治『奥羽仕置と豊臣政権』（吉川弘文館、二〇〇三年）
小林清治『奥羽仕置の構造―破城・刀狩・検地―』（吉川弘文館、二〇〇三年）

四　佐和山城主　石田三成

海津栄太郎「佐和山城旧記」（関西城郭研究会　機関誌『城』98、一九七七年）
彦根城博物館『彦根城とその時代』（一九九二年）
谷口徹「佐和山城の絵図」（『彦根城博物館研究紀要』6、一九九五年）
花ヶ前盛明『島左近のすべて』（新人物往来社、二〇〇一年）
用田政晴「湖上交通史における佐和山城の史的意義」（『琵琶湖がつくる近江の歴史』研究会『城と湖の近江』サンライズ出版、二〇〇二年）
伊藤真昭「石田三成佐和山入城の時期について」（『洛北史学』4、二〇〇二年）
彦根市『彦根　明治の古地図』三（二〇〇三年）
野田浩子「中山道鳥居本宿の成立について」（『滋賀県地方史研究』16、二〇〇六年）
中井均「佐和山城の歴史と構造」（城郭談話会『近江佐和山城・彦根城』、サンライズ出版、二〇〇七年）

五　西軍の関ヶ原

米山一政『真田家文書』上（長野市、一九八一年）
原田和彦「「真田家文書」について」（『信濃』五〇―四、一九九八年）
小林計一郎編『真田昌幸のすべて』（新人物往来社、一九九九年）
別冊歴史読本『戦国・江戸　真田一族』（新人物往来社、一九九九年）
タルイピアセンター・歴史民俗資料館『関ヶ原合戦展』（一九九九年）
蔭山兼治「戦国期美濃国における禁制発給状況について」（『文化史学』五五、一九九九年）
高木清「関ヶ原の戦い　石田三成の敗走路」（『西美濃　わが街』二六七、一九九九年）
決戦関ケ原大垣博実行委員会『決戦関ケ原大垣博特別展』（二〇〇〇年）
桐野作人「兼続と三成　立場の違いを超えた共闘」（新・歴史群像シリーズ17『直江兼続』、学習研究社、二〇〇八年）

お世話になった人々（敬称略）

木之本町　黒田区
尚古集成館
寿聖院（京都市）
上越市観光コンベンション協会
杉山丕
高橋寛
称名寺（長浜市）
龍潭寺（彦根市）
彦根城博物館
中井均
長浜市長浜城歴史博物館
長浜市西上坂町自治会
原昌彦
福岡市博物館
吉田由紀子
米沢市上杉博物館

■著者略歴

太田浩司（おおた・ひろし）

1961年東京に生まれる。1986年明治大学大学院文学研究科（史学専攻）博士前期（修士）課程修了。現在は長浜市市民協働部学芸専門監。特別企画「一豊と秀吉が駆けた時代―夫人が支えた戦国史―」、「戦国大名浅井氏と北近江―浅井三代から三姉妹へ」、「秀吉を支えた武将　田中吉政」などをはじめ、多くの展覧会を手がけ、近江の歴史に関する研究、論文など、多岐にわたり活躍。

［主な著書］淡海文庫22『テクノクラート小堀遠州―近江が生んだ才能』、淡海文庫46『浅井長政と姉川合戦』、『湖の城・舟・湊』（ともにサンライズ出版）など。

近江《おうみ》が生《う》んだ知将《ちしょう》　石田三成《いしだみつなり》　淡海《おうみ》文庫44

2009年3月1日　第1刷発行　N.D.C.210
2025年4月20日　第5刷発行

著　者　太田浩司

発行者　岩根　順子

発行所　サンライズ出版株式会社
〒522-0004 滋賀県彦根市鳥居本町655-1
電話 0749-22-0627

印刷・製本　サンライズ出版株式会社

ISBN978-4-88325-162-9　Printed in Japan　定価はカバーに表示しています。
乱丁・落丁本はお取り替えいたします。

淡海文庫について

「近江」とは大和の都に近い大きな淡水の海という意味の「近（ちかつ）淡海」から転化したもので、その名称は「古事記」にみられます。今、私たちの住むこの土地の文化を語るとき、「近江」でなく、「淡海」の文化を考えようとする機運があります。

これは、まさに滋賀の熱きメッセージを自分の言葉で語りかけようとするものであると思います。

豊かな自然の中での生活、先人たちが築いてきた質の高い伝統や文化を、今の時代に生きるわたしたちの言葉で語り、新しい価値を生み出し、次の世代へ引き継いでいくことを目指し、感動を形に、そして、さらに新たな感動を創りだしていくことを目的として「淡海文庫」の刊行を企画しました。

自然の恵みに感謝し、築き上げられてきた歴史や伝統文化をみつめつつ、今日の湖国を考え、新しい明日の文化を創るための展開が生まれることを願って一冊一冊を丹念に編んでいきたいと思います。

一九九四年四月一日